Sabine Heilemann

AF285738

# Gemeinsames Sorgerecht
## Was Mütter wissen sollten

Alleinerziehend

**Sabine Heilemann:**
**Gemeinsames Sorgerecht. Was Mütter wissen sollten**

© 2011 Sabine Heilemann. 1. deutsche Auflage. Titelbild / Einbandgestaltung / Textlayout Sabine Heilemann. Bilder im Text von Isabelle, Larissa und Lisa. Alle Rechte vorbehalten. Herstellung und Verlag: Books on Demand GmbH, Norderstedt, Deutschland. ISBN 978-3- 8423-1930-1. Printed in Germany 2011

# Vorwort

Liebe alleinerziehende Mütter,

Gemeinsames Sorgerecht für die Kinder nach einer Trennung ist in Deutschland die Regel. Im Interesse des Kindeswohls wird - inzwischen auf Antrag auch bei unverheirateten Paaren - davon ausgegangen, dass beide Eltern gleichberechtigt über die gemeinsamen Kinder entscheiden. Theoretisch ist dieser Grundgedanke zwar gut, doch wie funktioniert er in der Praxis? Was geschieht, wenn sich die Eltern nicht einigen können? Was, wenn ein Elternteil blockt oder das Sorgerecht aus Berechnung sogar ausnutzt, um dem ehemaligen Partner das Leben schwer zu machen? Dann kann der Alltag des „Gemeinsamen Sorgerechts" schnell zum Albtraum geraten.

All dies habe ich persönlich erlebt. Zehn Jahre lang blieb nichts anderes übrig, als meine beiden Söhne allein zu erziehen - ohne alleinerziehend zu sein. Zehn Jahre lang wurde das staatlich verordnete „Gemeinsame Sorgerecht" mit dem Kindesvater geteilt - ohne dass die Sorgepflicht geteilt wurde. Zehn Jahre verbrachte ich mit meinen Kindern zwischen aufgenötigten Gerichtsterminen und abstrusen einstweiligen Verfügungen - weil der Kindesvater seinen Teil des Sorgerechts als Druckmittel benutzte. Die Erfahrungen der vielen Jahre und das zugehörige juristische Wissen finden Sie in diesem Ratgeber in der Hoffnung, dass es Ihnen hilft.

Ihre Sabine Heilemann

# 1. Warum dieser Ratgeber entstand

Wenn Sie diesen Ratgeber in Händen halten, befinden Sie sich vielleicht noch am Anfang einer Auseinandersetzung, von der unklar ist, wie sie ausgehen wird. Die Zeit der Trennung und die folgende Phase der Neuorientierung, nämlich alleine mit Kind oder Kindern, ist anstrengend. Sie kostet viel Energie und bringt Mütter nicht selten an die Grenze der Belastbarkeit. Wie gut, dass der Staat in seiner allumfassenden Vereinnahmung dafür sorgt, dass Sie sich keine Gedanken über die Verteilung des elterlichen Sorgerechts machen müssen. Denn per staatlichem Dekret ist das „Gemeinsame Sorgerecht" befohlen. So soll dafür gesorgt sein, dass sich Väter auch nach der Trennung um ihre Kinder kümmern.

Die „einzige" Pflicht der Mütter besteht darin, sich mit dem Vater auf Alltagsabläufe, Umgangszeiten und andere „Kleinigkeiten" einigen zu müssen. Was aber, wenn Absprachen und Einigungen schon vor der Trennung nicht funktionierten? Dann steht die Mutter vor einem großen Problem. Gemeinsames Sorgerecht bedeutet nämlich, mit dem Kindesvater zusammen entscheiden zu müssen. Und das in einer Situation, in der häufig jede Kommunikation schwierig bis unmöglich ist. Was oft als „das Beste für die Kinder" erscheint, kann unter dieser Vorgabe zum Albtraum werden. Wenn der Ex-Partner sein Sorge- und Umgangsrecht als Druckmittel instrumentalisiert, wenn er Umgangstermine beispielsweise an finanzielle Forderungen knüpft oder Unterschriften verweigert, dann haben Sie den schwarzen Peter: Entweder fügen Sie sich Ihrem Schicksal - oder eben nicht. Fügen Sie sich nicht, dann kommen Sie um juristische Kenntnisse und deren Anwendung mit an Sicherheit grenzender Wahrscheinlichkeit nicht herum. Sie haben dann auch damit zu rechnen, dass der Ex-Partner Ihr Verlassen des früheren Rollenverhaltens nicht akzeptiert. Er wird möglicherweise versuchen, den bisherigen Status Quo beizubehalten. Leben die Kinder bei Ihnen, dann benötigen Sie gemäß Gemeinsamen Sorgerecht die

Erlaubnisse des Kindesvaters für viele Entscheidungen des Alltags: Allein dürfen Sie kein Sparbuch für Ihre Kinder eröffnen, keinen Ausweis beantragen, keine Schulanmeldung vornehmen.

Im Lauf von 10 Jahren wurden meine Kinder immer wieder Umgangsverweigerungen ihres Vaters ausgesetzt, teils viele Monate lang. Und das, obwohl er nur wenige Kilometer entfernt wohnte. Zweck der Umgangsverweigerungen bestand jedes Mal darin, Druck auszuüben um seine teilweise geradezu lächerlichen Forderungen durchzusetzen: „Ich kann die Kinder am Wochenende nur abholen, wenn du bis dahin neue Tennisschuhe gekauft hast." Oder auch: „Wenn du mit der Verkürzung des Umgangs in den Herbstferien auf 4 Tage (statt der vereinbarten 8) nicht einverstanden bist, dann kann ich die Kinder an den Wochenenden überhaupt nicht mehr holen". Und umgekehrt stand der Vater auch einige Male - wenn ich gerade mit den Kindern zum Schwimmbad aufbrechen wollte oder zum Zahnarzt musste - ohne Umgangstermin und Absprache vor meiner Tür und verlangte die Kinder abzuholen.

Irgendwann wurde es mir zu bunt: Ich nahm Kontakt zum Gericht und zum Jugendamt auf, suchte im Internet und Buchhandel nach Informationen, wie ein geregelter Umgang durchzusetzen ist. Interessanterweise fanden sich fast ausschließlich Fälle, in denen Mütter die „Bösen" waren: Stets wurde der Umgang angeblich von der Mutter vereitelt, während Väter offenbar immer nur verzweifelt darum kämpften, Kontakt zu ihren Kindern zu bekommen.

War meine eigene Situation tatsächlich also eine der offenbar sehr seltenen Ausnahmen? Aber weshalb sah es dann in meiner unmittelbaren Umgebung völlig anders aus: Innerhalb nur eines Jahres berichteten unabhängig voneinander sechs Mütter über ihre Situation. Alle Frauen waren berufstätig, die meisten zweifache Mutter. Monika, eine Sandkastenfreundin meiner Kindheit. Amelie, Maria und Petra, mit denen beruflich Kontakt bestand. Und Caroline und Ute, Mütter aus der Kindergartenzeit. Jede Einzelne hatte sehr ähnliche Erlebnisse im täglichen „Kampf" zu berichten: Amelie, Maria, Petra und Ute kämpfen um den Unterhalt. Ausnahmslos alle um das Umgangsrecht (eigentlich:

Umgangs*pflicht*) durch den Vater. In allen Fällen wurde das Umgangsrecht bestenfalls sporadisch wahrgenommen - und bei den Kindern von Amelie überhaupt nicht. Terminabsagen des Vaters waren der Standard, nicht die Ausnahme. Monikas, Carolines und Petras Ex-Partner ließen sich auf keinerlei Besuchsregel ein. Kontakte zwischen Vater und Kind(ern) fanden grundsätzlich nur dann statt, wenn die Mutter die vom Kindesvater vorgegebenen Termine vorbehaltlos und widerspruchsfrei akzeptierte.

Jedenfalls, das ernüchternde Resultat meiner Suche nach funktionierenden und durchsetzbaren Umgangsmodellen erbrachte: Nichts. Väter hingegen, denen die Kinder vorenthalten werden - ja, diese Fälle existieren - scheinen sehr rege zu sein. Veröffentlichungen zu dem Thema finden sich zuhauf. Berichte über Väter hingegen, die den Umgang mit ihren Kindern verweigern, finden sich kaum. Und von betroffenen Müttern und Kindern erst recht nicht. Mütter, die aktiv <u>für</u> einen geregelten Umgang des Vaters mit seinen Kindern eintreten, besitzen offenbar weder eine Lobby noch Publizitätsinteresse. Immer wieder gehörte Vorwürfe, geradezu beleidigende und entwürdigende, lauten: Die Mütter wollen „die Kinder abschieben", wollen „am Vater-Wochenende endlich Party machen", wollen mehr Freizeit von den Kinderverpflichtungen. Tatsache aber ist: Viele Mütter freuen sich schon, wenn der Kindesvater überhaupt einen rudimentären Kontakt hält - von verlässlich regelmäßigem Umgang gar nicht zu reden.

Und so scheint das Umgangs- und Sorgerechts aus Sicht der Mütter bisher kaum ausreichend dokumentiert. Über die Gründe kann nur gemutmaßt werden: Alle genannten Mütter sind berufstätig und kümmern sich 24 Stunden täglich an sieben Tagen in der Woche um ihre Kinder. Möglicherweise fehlt ihnen einfach die Zeit und die Energie. Vielleicht stecken Mütter aber auch eher zurück und gehen auf Forderungen des Kindesvaters ein, damit der Kontakt nicht vollständig abbricht. Wer weiß das schon?

# 2. Persönliche Erfahrungen

Im Frühjahr 2000 teilte mir mein damaliger Ehemann Alexander mit, dass er sich von mir trennen würde. Nur zwei Wochen später zog er aus. Wir waren damals 13 Jahre verheiratet und haben zwei gemeinsame Kinder. Zum Zeitpunkt der Trennung war Phillip 6 und Julian 8 Jahre alt.

Unsere Ehe verschlechterte sich, spätestens seit die Kinder auf der Welt waren, zusehends: Es gab nur noch wenig Gemeinsamkeiten, dafür aber mehr und mehr Vorwürfe und Unzufriedenheit. Der Fairness halber muss betont werden, dass dies für Beide galt. Dennoch hätte ich wegen Phillip und Julian eine Trennung nicht in Betracht gezogen. Scheidung kam nicht in Frage, so etwas passiert nur Anderen.

Nach der Trennung arrangierte ich mich bald mit meinem neuen Leben und Tagesablauf. Zwar konnte ich meinen Kindern keine intakte, vollständige Familie mehr bieten, setzte von diesem Moment an aber noch mehr als bisher daran, unser Leben als „Schrumpffamilie" so schön und lebenswert wie möglich zu gestalten. Obwohl Alexander schon wenige Wochen nach der Trennung die Kinder immer seltener sehen wollte, wäre ich niemals auf den Gedanken gekommen, dass dies der Beginn eines regelrechten Rosenkrieges zwischen uns sein würde, der letztendlich auf den Schultern unserer Kinder ausgetragen wird.

## Bis zur Trennung

Während unserer Ehe galt die Organisation des Alltags einschließlich der Kindererziehung als mein Aufgabenbereich. Berufstätig war ich „nur" Teilzeit, meine Tätigkeit als Revisorin galt Alexander als „Hobby". Als selbständiger Unternehmer hatte er keinen Achtstunden-Tag. Vielleicht deswegen freute er sich abends auf „bettfertige" Kinder. Manchmal, wenn sie noch nicht schliefen, las er eine Gute-Nacht-Geschichte vor. Das war es

7

dann aber auch. Nach außen hin zeigte er sich als „Super-Papa", der stolz Fotos von „seinen Jungs" in sein Büro hängte. Jeder weitere Aufwand aber, seien es Kinderarzttermine, Kindergarten- auswahl und -anmeldung, Schulanmeldungen und vieles andere - nein, alles andere - lag ausschließlich in meinem Verantwor- tungsbereich. Weder kannte er die jeweiligen Lehrernamen, noch interessierte es ihn, mit wem sich seine Kinder befreundeten.

„Immer wieder Streit" von Isabelle, 11 Jahre

Wir führten eine „klassische" Ehe, in der die Ehefrau ihrem Ehemann den Rücken für dessen Karriere frei hält. Um keine Angriffspunkte wegen meiner Berufstätigkeit aufkommen zu lassen, managte ich, wie viele andere Frauen auch, Kinder und Haushalt ohne zu klagen. Situationen, die bei Bekannten und Familienmitgliedern für Kopfschütteln sorgten, waren für mich an der Tagesordnung, denn gemeinsame Verantwortung von Vater und Mutter für das Wohlergehen der Familie existierte bereits zu diesem Zeitpunkt nicht: Ob kranke Kinder oder Ur- laubspflege der Oma, ständig kollidierten die ganz normalen All- tagsanforderungen mit Alexanders Dienstreisen und Geschäfts- terminen. Bei der Organisation und Durchführung von Kindergeburtstagen war ich stets auf mich allein gestellt. Immer. Trotz seiner Hilfe-Zusicherungen. Zahlreiche. Immer kam etwas dazwischen, immer stand ich alleine da. Selbst dann, wenn Alexander tatsächlich einmal zu Hause war: Verantwortung für unsere Kinder zu übernehmen und Zeit mit ihnen zu verbringen, das lag ihm schon damals nicht.

Damit Julian und Phillip ihren Vater nicht ausschließlich für ein paar Minuten vor dem Schlafengehen sahen, regte ich einen wöchentlichen „Papa-Tag" an. An diesem Tag sollten zum Beispiel Ausflüge unternommen oder einfach nur gebastelt werden. Die Idee wurde sehr begeistert aufgenommen. Die Kinder freuten sich und Alexander erzählte jedem davon, ob er es nun hören wollte oder nicht. Ein echter Super-Vater eben. Nur: Der in der Theorie so geliebte „Papa-Tag" fand ganze zwei Mal statt. Dann waren plötzlich wieder andere Dinge aus der Firma wichtiger. Im Jahr darauf ein nochmaliger Versuch von mir, mit gleichem Ergebnis.

Freunden und Bekannten erschienen wir als perfektes Paar. Ein recht großer Bekanntenkreis folgte gern unseren Einladungen, die Feste waren beliebt und lange Gesprächsthema. Zwischen uns aber kriselte es immer häufiger, der Umgangston wurde aggressiver. Streit und gegenseitige Vorwürfe prägten mittlerweile den Alltag.

## Die Entscheidung

So perfekt unser partnerschaftliches Leben nach außen wirkte, so perfekt verlief unsere Trennung. Mein Ex-Mann teilte mir seine Trennungsabsicht ohne jede Vorankündigung mit und zog zwei Wochen später aus unserem gemeinsamen Haus aus. Um nicht als der „Böse" zu erscheinen bestand Alexander darauf, dass wir unsere Trennung vor den Kindern als einvernehmlich darstellten. Ich hatte zu diesem Thema noch gar keine eigene Meinung, da sich mein Leben soeben um 180 Grad gewendet hatte. Familie und Freunde reagierten fassungslos auf das plötzliche Ende unserer Ehe.

Nur ein paar Tage benötigte ich, um mich einigermaßen zu sammeln. Schließlich mussten die Kinder versorgt werden. Noch in der ersten Woche sprach ich unter Tränen mit meinem Arbeitgeber und erklärte die neue Situation. Fürs erste wollte ich mit den Kindern in unserem Haus wohnen bleiben, auf Dauer allerdings konnte ich die finanzielle Belastung nicht tragen. Aber für die nächsten Monate sollten Julian und Phillip wenigstens einen festen, gewohnten Haltepunkt in ihrem jungen Leben haben - das gewohnte Zuhause. Wenn ich meine Kinder in dieser Zeit auch nur anschaute, musste ich weinen: Die Sterne wollte ich ihnen vom Himmel holen, und jetzt konnte ich ihnen nicht einmal eine vollständige Familie bieten.

Dass Julian und Phillip bei mir leben würden, war von Anfang an klar. Alexander hatte nie vor, für unsere Kinder zu sorgen. Darüber gab es nicht einmal eine Diskussion zwischen uns. In den ersten Wochen nach der Trennung pflegten wir einen beinahe freundschaftlichen Umgang, die Spannungen des Zusammenlebens waren etwas entschärft. Vielleicht, weil wir beide wussten, dass die Trennung die richtige Entscheidung war. Obwohl es an der Oberfläche eher ruhig schien, überfielen mich aber oft Verzweiflung und Zukunftsängste. Alexander versicherte zwar alles zu tun, um mir und den Kindern zu helfen. Und dann gab es auch noch meine Freundin Marion, mit der ich schon zur Schule ging und die nur ein paar Häuser weiter wohnte. Marion war in der ersten Zeit nach der Trennung oft bei mir. Ich war nicht ganz allein.

Beschleunigt durch die ganz normalen Anforderungen des durchschnittlichen Alltags, bat Alexander um eine erste „Umgangsregelung". Er wollte angeblich soviel Zeit wie möglich mit Julian und Phillip verbringen und plante deshalb, sie regelmäßig alle zwei Wochen Donnerstagnachmittags abzuholen, sie über das verlängerte Wochenende zu behalten und am Dienstagmorgen zur Schule zu bringen. Da seine neue Wohnung in der Nähe lag, wollte er die Kinder sogar zusätzlich jeden Morgen zur Schule bringen. Auch wenn ich mich über die Entlastung an Wochenenden freute: Tägliches Abholen vor der Schule durch den Vater empfand ich als übertrieben. Aber schließlich wollte ich den

Kindern den Papa ja erhalten . . .

Zwei Monate vergingen unter großer Geschäftigkeit. Vieles musste neu organisiert werden, Haushaltsgegenstände wurden aufgeteilt oder ersetzt, Gespräche mit immer noch fassungslosen Freunden und Familienmitgliedern geführt. Zu diesem Zeitpunkt erfuhr ich, dass Alexander eine Freundin hatte. Es machte keinen Unterschied mehr. Mein Fokus lag klar auf den Kindern, und naja, mit Liebe war ohnehin nichts mehr. Mit unserer Beziehung hatte ich - zur Verwunderung vieler einschließlich mir selbst - recht schnell abgeschlossen. Doch eines Abends kam der nächste Schlag. Alexander druckste in einem Gespräch, bei dem es um irgendwelche kleinen Regelungen ging, merkwürdig herum. Wie nebenbei erwähnte er dann, dass ich seine neue Partnerin kennen würde. Sein Ton, nicht die Worte, machten mich hellhörig. Nun, um es kurz zu machen: Es handelte sich um Marion, meine beste Freundin aus Kindheitstagen, selbst verheiratet mit zwei Kindern - und bis gestern Abend bei mir zu Hause um mich zu trösten und abzulenken. Meine Reaktion überraschte ihn, und mich, sehr: Zwar hatte ich nicht mit einer solchen Soap-Opera in meiner eigenen Realität gerechnet, blieb aber sehr kühl und gefasst. Für Julian und Phillip hatte diese Konstellation möglicherweise sogar Vorteile: Statt mit einer wildfremden Frau an Papas Seite könnten sie die Wochenenden mit einer Vertrauten, Marion, verbringen, die unsere Kinder von Geburt an kannte und mochte - soweit ich das einschätzen konnte. Ihre beiden Töchter waren gleich alt, besuchten sogar die gleiche Schule und Klasse wie Julian und Phillip. Die Kinder verstanden sich gut.

Die Tragweite dieser Verhältnisse erschloss sich mir erst viel später. Schließlich hatte ich nun auch noch meine beste Freundin verloren, sozusagen an meinen Ex-Mann. Damit war kein Vertrauensverhältnis zwischen Marion und mir mehr möglich. Und Elternabende wurden zum Spießrutenlaufen, Schulfeste bereiteten schlaflose Nächte … und, ach ja, wir arbeiteten beide beim gleichen Arbeitgeber. Marion und ich versuchten für einige Monate, dem Unvermeidlichen ein Schnippchen zu schlagen, und unsere jahrzehntelange Freundschaft zu erhalten. Aber es funktionierte - aus heutiger Sicht: natürlich - nicht. Schon deswegen nicht, weil die notwendige Vertrautheit verloren war: Ich konnte ihr nichts mehr über Alexander erzählen. Eigentlich auch nichts mehr über mich. Überhaupt nahm die Zahl der „Tabu"-Themen für unsere Gespräche dramatisch zu. Marion hatte inzwischen selbst „reinen Tisch gemacht" und sich von ihrem langjährigen Ehemann getrennt. Sie war ausgezogen und lebte nun mit ihren Kindern bei Alexander. War das zu glauben? Zwei Mal noch versuchte ich - gegen jede Vernunft - einen normalen Umgang mit Marion zu erhalten. Aber als sie eine lange geplante Verabredung mit einer fadenscheinigen Ausrede absagte, wurde mir klar, dass dies nun tatsächlich das Ende der 20-jährigen Freundschaft zwischen uns war. An diesem Abend habe ich mehr geweint als Monate zuvor bei der Trennung von Alexander.

„Mama und Papa streiten" von Larissa, 11 Jahre

## Rosenkrieg auf Kinderrücken

In dieser Zeit verschlechterte sich auch das Verhältnis zu Alexander weiter. Das morgendliche „Zur-Schule-bringen" der Kinder entwickelte sich nach kurzer Zeit zu einem Fiasko. Telefonische Absagen zur Frühstückszeit und viel zu spätes Abholen, wenn er mal kam, wurden häufiger. Die Dramatik erreichte ihren vorläufigen Höhepunkt, als Alexander begann, Marions Kinder gleich mitzubringen. Er realisierte nicht, dass unser jüngster Sohn Phillip regelrechte Eifersucht entwickelte und sehr darunter litt, dass sein Papa nun mit Marions Kindern lebte. Als Phillip eines Morgens auf stur schaltete und nicht in Papas Auto einsteigen wollte, schlug Alexander ihn. Phillip rannte weinend davon und versteckte sich im Garten. Alexander fuhr davon. Ich entdeckte Phillip hinter einem Baum und versuchte ihn zu beruhigen. Dann gingen wir zusammen zu seiner Schule. Auf dem Weg kam uns sein Vater im Auto entgegen. Mit quietschenden Reifen bremste er vor uns ab, stieg wutentbrannt aus und brüllte unseren ver-ängstigten 6-jährigen Sohn auf offener Straße an: „Wenn du dich so verhältst, hole ich dich am Wochenende nicht mehr ab. Dann bleibst du eben bei Mama!"

Neben dem Schock dieses Auftretens für Phillip war auch ich fassungslos: Mama als Höchststrafe für unsere Kinder! Es stellte sich immer stärker und öfter heraus, dass Alexander glaubte, über mich und meine Zeit weiter verfügen zu können. Zur Zeit unserer Trennung besaß ich noch nicht die notwendige Kraft, nicht den Mut und vielleicht auch nicht das Selbstbewusstsein, um dieses, aus unserer Ehe mitgeschleppte Schema zu durchbrechen: Nur solange ich Alexanders Terminvorgaben, genau das war es, sowie den von ihm festgelegten Abläufen nachkam, liefen unsere „Abstimmungen" akzeptabel. Von dem Moment an aber, an dem ich das erste Mal wagte, „Nein" zu sagen, war auch diese Phase zu Ende. Mehr noch: Alexander begann mir zu drohen. Zitate: „Ich mach Dich platt!", „Du wirst Dir noch wünschen, mich nie gekannt zu haben!" und zahlreiche weitere gleicher Qualität. Es kam sogar zu Beschimpfungen gegen mich vor Julian und Phillip. Dann addierte sich Telefonterror nach dem Muster: „Wenn du nicht mit mir redest, klingle ich den ganzen Abend - bis du bereit bist."

Alexanders Interesse an Julian und Phillip aber ließ weiter nach. Unsere erste Umgangsregel (Vaterzeiten: Donnerstagmittag bis Dienstagmorgen alle zwei Wochen) funktionierte mehr schlecht als recht für ungefähr ein halbes Jahr. Danach wurde es ihm wohl zu viel. Er teilte völlig alleinentscheidend mit, dass er seine „Kinderzeit" ab sofort verkürzen werde: Freitagmittag bis Montagmorgen.

Auch in anderen Dingen setzte er mich unter großen Druck. Es gab beispielsweise noch einen Berg an finanziellen und rechtlichen Dingen zu regeln. Unser gemeinsames Haus, soviel war inzwischen klar, musste ich schnell verkaufen. Die Kosten für Kredite und Energie fraßen mich auf. Nach gefühltem unendlichen Einsatz mit Immobilienmaklern, Banken und potentiellen Käufern - alles natürlich zusätzlich zu Kindern und Beruf - fand ich schließlich tatsächlich eine interessierte Familie, die sich wenige Wochen später zum Kauf unseres Hauses entschloss. Mir fiel ein sehr großer Stein vom Herzen, denn eine finanzielle Katastrophe war bereits für die nahe Zukunft absehbar. Daher konnte ich den vereinbarten Notartermin kaum abwarten. Mit den Unterschriften unter dem Kaufvertrag würde ich der drohenden Insolvenz entgehen. Doch ich machte die Rechnung ohne Alexander, gleichberechtigter Miteigentümer unseres Einfamilienhauses: Sehr bösartig von ihm, drohte er mir telefonisch am Vorabend des so wichtigen Notartermins, den Kaufvertrag nicht mit zu unterschreiben. Und erzwang auf diese Weise neue Zusagen, diesmal finanzieller Art. Es blieb mir nichts anderes übrig. Erpressungsmöglichkeiten solcher Art besaß er einige, weil noch Verbindlichkeiten und Verträge aus der Zeit unserer Ehe in Kraft waren. Erst ab der Scheidung, eineinhalb Jahre nach unserer Trennung, entfiel diese Möglichkeit für ihn.

In der Scheidungsverhandlung hatte ich auf Unterhalt für mich vollständig verzichtet. Auf gar keinen Fall wollte ich irgendeine Art von Abhängigkeit von Alexander. Der Kindesunterhalt war unstrittig und wurde von ihm auch gezahlt. Mit unseren Rechtsanwälten legten wir gemeinsam eine Umgangsregelung fest. Ich bestand von Anfang an auf festen Zeiten und klaren eindeutigen Regelungen, um den Spielraum für Diskussionen und Nachverhandlungen so klein wie möglich zu halten. Alexander dagegen verhielt sich genau entgegengesetzt. Er wollte sich auf keinerlei, wirklich keinerlei Termine festlegen lassen. Sein Rechtsanwalt erklärte ihm, dass er damit vor Gericht nicht durchkommen

würde. Schließlich einigten wir uns auf den häufig verwendeten
2-Wochen-Rhythmus von Freitagabend bis Sonntagabend, und
zusätzlich auf seinen Wunsch hin auf einen zusätzlichen Nach-
mittag je Woche. In der Umgangsregelung sollte eindeutig for-
muliert werden was zu geschehen hat, falls Alexander an
„seinen" Wochenenden verhindert ist. Der lapidare Kommentar
meines Ex-Mannes lautete dazu: „Dann muss halt sie die Kinder
nehmen, das musste sie ja bisher auch!" Beide Rechtsanwälte
waren fassungslos. Es war völlig klar: Alexander hatte sich seiner
Ehe entledigt, wollte die Vorteile daraus aber weiter ausnutzen.
Er wollte auch die Rollenverteilung beibehalten, so sie ihm zum
(vermeintlichen) Vorteil gereichte.

„Mit Mama spielen" von Lisa, 11 Jahre

In der Zwischenzeit aber war mein Selbstbewusstsein ange-
wachsen. In den vergangenen Monaten war klar geworden, dass
ich meinen Alltag auch ohne Alexander ganz gut bewältigte. Ob
als Konsequenz daraus oder nicht - in den Verhandlungen über
die Umgangsregelung gab ich überall dort, wo es mir wichtig
erschien, nicht mehr nach. So ergab sich eine schriftliche Umgangsregelung weit umfangreicher als geplant. Allerdings offenbar auch weit besser als gedacht. Denn die Richterin, die unserer

Scheidung vorsaß, bat tatsächlich darum, unseren lange verhandelten Regeltext zum Kindesumgang an das zuständige Jugendamt weiterleiten zu dürfen - als Vorlage.

### Der Umgang wird nicht wahrgenommen

Hier endete nun alle Theorie. Denn was nützt eine perfekte Umgangsregelung, wenn sie partout nicht eingehalten wird? Schon innerhalb der ersten 18 Monate nach Trennung verwarf Ex-Mann Alexander nach seinem Belieben fünf Umgangsregeln. Mal rief er an, mal sendete er eine SMS: „Ab sofort hole ich die Kinder jeden zweiten Samstag um 10 Uhr" und ähnliches. Nie, kein einziges Mal in zehn Jahren, handelte es sich um einen normal vorgebrachten Änderungsvorschlag. Immer war es ein Befehl, ohne meine Meinung und Möglichkeiten dazu überhaupt nur anzufragen. An die mittlerweile gerichtlich festgeschriebene Umgangsregelung hielt sich Alexander - wieder mehr schlecht als recht - für ungefähr neun Monate. Dann beschloss er aus heiterem Himmel, dass er Julian und Phillip statt zwei Nächten wie bisher nur noch für eine Nacht je Vater-Wochenende haben wollte. Ob es Freitag auf Samstag, oder Samstag auf Sonntag sein sollte, das wollte er mir jede Woche aufs Neue telefonisch mitteilen. Diesmal jedoch fügte ich mich nicht mehr. Und bestand auf unserer gerichtlich festgelegten Umgangsregelung. Als ich mich also weigerte von den exakt definierten Vaterzeiten abzugehen, stellte er zum ersten Mal den Umgang mit seinen Kindern völlig ein. Er holte sie einfach gar nicht mehr!
Nach zwei Monaten ohne jeden Vaterkontakt erhielten Julian und Phillip einen Brief von ihm: Er könne sie erst dann wieder sehen, wenn Mama einer neuen Umgangsregelung zugestimmt habe. Das wurde mir dann doch zu bunt. Ich stellte einen Antrag auf Regelung des Umgangsrechtes beim Familiengericht, da meiner Überzeugung nach Kinder ein Recht auf Umgang mit ihrem Vater haben. Nachdem der erste Umgangsboykott durch den Vater im November 2002, vor unserer Scheidung, erfolgte, wurde es nun regelrecht bizarr. Er boykottierte den Umgang im

November 2003. Dann in 2004. Dann in 2005. Jedes Jahr setzte er, meist kurz vor Weihnachten, den Umgang mit seinen Kindern vollständig aus. Und jedes Jahr aufs Neue versuchte Alexander dann eine „freie Umgangsregelung", nämlich eine ohne jede Verpflichtung zu festen Zeiten, durchzusetzen. Jedes Mal, also jedes Jahr, zerrte er mich - und einige Male sogar die Kinder als „Zeugen" - vor Gericht. Und jedes Jahr scheiterte er vor Gericht, bescherte aber Julian, Phillip und auch mir regelmäßig monatelang die Hölle auf Erden. Bis heute verbinde ich mit der feierlichen und friedlichen Adventszeit weinende und verstörte Kinder, die unter Migräne, Schlafstörungen und Magenkrämpfen leiden („Müssen wir wieder vor Gericht?" „Warum kommt der Papa schon wieder nicht?") - viele Jahre lang, jedes einzelne Jahr . . ..

Im ersten Jahr rief ich noch die Familienrichterin an, die doch so begeistert war von unserer formulierten Umgangsregelung. Mich interessierte, wie der Vater dazu gebracht werden kann, den Kindesumgang wieder aufzunehmen. Die Richterin war freundlich, sagte aber ganz klar, dass da wohl nichts zu machen sei. Denn zum Umgang zwingen, das sei nicht möglich. Sie teilte mir noch ihre Erfahrung aus den USA mit: Dort werden Kinder, wenn der Vater sie nicht abholt, von der Polizei zu ihm gebracht. Sie meint, dass das manchmal Wunder wirkt. Nun, hier ist nicht die USA und außerdem bleibt die Frage, ob man dieses Verfahren seinen Kindern wirklich zumuten möchte.

Die ersten Boykotte in 2002 und 2003, jeweils rund drei Monate lang, trafen besonders Julian, damals 10 bzw. 11 Jahre alt, der gerade auf das Gymnasium wechselte. Aus seiner Sicht war er aus heiterem Himmel ohne Papa, hatte neue Tagesabläufe und auch noch eine neue Schule und neue Klassenkameraden zu bewältigen. Das war zu viel für ihn. Er litt unter Bauch- und Kopfschmerzen und zeigte im ersten Jahr ein stark autoaggressives Verhalten: Julian riss sich am Hinterkopf die Haare aus und hatte bald keine Wimpern mehr. Phillip dagegen trug seine Aggressionen nach außen, er verwandelte sich in einen „Hau-drauf-und-Schluss". In diesen regelmäßig wiederkehrenden Krisenzeiten führte ich „Belohnungspunkte" ein, wenn Phillip sich einen Tag in der Schule nicht schlug.

Im 3. Jahr warf der Umgangsstopp Phillip aus der Bahn. Er sackte in allen Schulfächern ab, schrieb nur noch Fünfernoten - genau in der Zeit, in der die Empfehlungen für weiterführende Schulen geschrieben wurden. Meine beiden Söhne waren inzwischen 10 und 12 Jahre alt, und die Technik in Form von Computern hatte in die Kinderzimmer Einzug gehalten. Der Vater schrieb nun keine Briefe mehr, sondern Julian und Phillip erhielten E-Mails von ihm. Der Inhalt dieser Nachrichten allerdings hatte sich nicht verändert: Gerne würde er sie holen, aber die Mama stimmt nicht zu. Wieder eine Klage von ihm, wieder ein Gerichtsverfahren, und er hatte wieder verloren. Vier Monate dauerte der Spuk.

Wieder ein Jahr später, 2005, wurde der Umgang von Alexander erneut unterbrochen, diesmal im Oktober. Julian, inzwischen 13 Jahre alt und am Beginn der Pubertät, nahm es nach außen sehr locker: „Wenn er mich nicht sehen will, dann soll er es eben lassen." Der jüngere Phillip dagegen entwickelte in dieser Zeit gesundheitliche Probleme. Er bekam starke Dauerkopfschmerzen, wachte morgens vor Schmerz weinend auf, und ging abends unter Schmerzen weinend ins Bett. Nachdem er einen guten Start in seiner neuen Schule hatte, brachen seine Leistungen nun wieder ein. Ich fuhr ihn morgens zur Schule und holte ihn mittags wieder ab, damit er nicht noch den langen Busweg hatte. Physiologisch war Phillip gesund, wie eine Computer-Tomographie ergab. Grund der Schmerzen war eindeutig seine Psyche. Erst ein starkes Migränemittel brachte einen ersten schmerzfreien Tag. Im Frühjahr 2007, nach eineinhalb Jahren - richtig gelesen, nach vollen 18 Monaten - Umgangsboykott war es auf einmal vorbei. Alexander nahm den Umgang wieder auf.

Wie von Beginn an mimte Alexander nach außen einen Super-Papa, der um seine Kinder kämpft. Dabei verschwieg er geflissentlich, dass er regelmäßig den Umgang einstellte, dass er regelmäßig Mutter und Kinder vor Gericht zerrte. Sogar vor einer Falschaussage vor Ämtern schreckte er nicht zurück. Während dieser letzten Boykottphase nämlich fragte plötzlich das Jugendamt bei mir nach, weshalb ich den Vaterkontakt meiner Kinder verhindere! Glücklicherweise dokumentierte ich stets jedes Gespräch, behielt Kopien von jedem Schriftstück und druckte jede E-Mail, mit der ich Umgangstermine anfragte, aus. So war es recht einfach und eindeutig, Alexanders Falschaussage und die darauf basierenden Verdachtsmomente beim Jugendamt zu widerlegen. Auch seiner abermaligen Drohung, er gehe vor Gericht, wenn ich auf der (doch vom Gericht so festgelegten!) Umgangsregelung bestehe, sah ich nun gelassener entgegen: Bereits beim letzten von Alexander angestrengten Gerichtstermin sagte die Richterin ihm ganz klar ins Gesicht, dass alles geregelt sei und sie uns nicht mehr sehen möchte. Vielleicht aus diesem Grund wurde vom Kindesvater jetzt ein neuer Weg beschritten. Schon im Herbst 2005, zu Beginn der seinerzeitigen Boykottphase, fragte ich bei Alexander an, ob und wann er mit Julian und Phillip einen Teil der Sommerferien 2006 verbringen möchte. Er wollte zwar mit den Kindern wegfahren, weigerte sich aber, mir einen Termin oder auch nur Zeitraum zu nennen. Sogar vier Wochen vor Ferienbeginn machte er, trotz meiner mehrmaligen Nachfrage, keinerlei Terminvorschlag. Da ich schließlich nicht die gesamte Ferienzeit Urlaub nehmen konnte blieb nichts anderes übrig, als beim Jugendamt nachzufragen, wie lange eine Mutter sich diesem „Termin-Hinhalten" stellen muss. Jugendamts Antwort war eindeutig: Ich konnte ab sofort alleinentscheidend planen, da keine Pflicht besteht, dermaßen kurzfristig auf „Terminwünsche" des Kindesvaters zu reagieren. Also plante und organisierte ich sechs Wochen Sommerferien, davon ausgehend, dass Alexander die Kinder während der Sommerferien überhaupt nicht zu sich nehmen würde. Die Terminmitteilung meines Ex-Mannes kam dann, nachdem ich unseren Urlaub gebucht hatte - 10 Tage vor Ferienbeginn. Ich teilte ihm die Jugendamtsstellungnahme sowie die bereits erfolgte Urlaubsbuchung mit - und hatte prompt wenige Tage später einen „Eilantrag auf Regelung des Umgangs und einstweilige Anordnung" im Briefkasten. Sein Anwalt forderte die „Herausgabe der Kinder zum gemeinsamen Sommerurlaub" unter Androhung eines Ordnungsgeldes bis zu 250.000 Euro, ersatzweise Ordnungshaft bei Zuwiderhandlung. Obwohl ich mich völlig korrekt beim Jugendamt rückversichert hatte, befand ich mich kurz vor einer Herzattacke: Einstweilige Anordnung! Eine Viertel Million Euro! Musste ich etwa den geplanten und längst bezahlten Urlaub absagen? Nun - ich tat es nicht. Julian, Phillip und ich fuhren in den Zelturlaub nach Italien. Die zuständige Richterin für Alexanders Eilantrag nämlich erinnerte sich gut an unsere Vorgeschichte und hat den „Eilantrag" vor den Sommerferien gar nicht mehr bearbeitet.

Im Herbst 2006 gab es eine Neuerung in unserem Gerichtsalltag. Julian und Phillip wurde nämlich von Amts wegen ein Verfahrensbeistand zur Seite gestellt. Sie bekamen sozusagen ihren eigenen Rechtsanwalt. Das Ergebnis einer weiteren Verhandlung, wieder vom Vater angestrengt, Anfang 2007, blieb aber auch diesmal wie gehabt: Der Umgang blieb geregelt wie bisher. Und der Vater nahm ihn zweimal wahr, drohte dann wieder mit Boykott. Dann . . . Gehe zu Seite 17 dieses Textes.

**Resümee:** Über viele Jahre hinweg wurde ich sowohl als Mutter als auch als freier und erwachsener Mensch in meinem täglichen Leben durch meinen Ex-Mann recht erfolgreich stark eingeschränkt. Planungsunsicherheit (Kommt er am Wochenende oder kommt er nicht?) dominierte den Alltag. Freie Tage waren Mangelware, freie Wochenenden waren selten und an ein paar Tage Ferienausspannung ohne zwei tobende aufwachsende Jungs wie Julian und Phillip war nicht zu denken. Dringend notwendige monatliche Rücklagen für hohe Rechtsanwalts- und Gerichtskosten durch eine fortdauernde Prozesslawine durch Klageeinreichungen meines Ex-Manns schränkten finanziell sehr stark ein, in einem Fall bis kurz vor die Insolvenz. Viele Jahre nach unserer Trennung versuchte mein Ex-Mann weiterhin mein Leben zu bestimmen. Als staatlich verordnetes Werkzeug setzte er seine eigenen Kinder ein. Obwohl ich ihnen immer so sehr eine schöne und konfliktfreie Kinderzeit gewünscht hatte. Heute sind Julian und Phillip 17 und 15 Jahre alt. Sie stehen in Kontakt mit ihrem Vater, entscheiden mittlerweile aber selbständig darüber, ob, wann und wie lange sie bei ihm verbringen möchten.

# 3. Es geht um das Kind

Kinder benötigen und wünschen sich den Kontakt zu beiden Elternteilen. Daran dürfte es wohl kaum Zweifel geben. Aufgabe von verantwortlichen Eltern muss es also sein, diesen Kontakt zu ermöglichen und zu fördern. Kinder leiden immer wenn Eltern - auch getrennt lebende - streiten. Manche bringen dies direkt zum Ausdruck, andere zeigen aggressive oder auto-aggressive Verhaltensweisen. Mütter kennen ihre Kinder gut genug, um diese Veränderungen wahrzunehmen.

Ihre Kinder sind Kinder - sie sind weder Ersatzpartner noch erwachsene Menschen. Bitte behandeln Sie sie entsprechend. Altersgemäße Information der Kinder ist wichtig, aber bitte: Information - nichts Persönliches, nichts Beleidigendes. Termin- und alle andere Absprachen zwischen den Eltern über die Kinder sollten tabu sein. Benutzen Sie Ihre Kinder nicht als Kommuni-katoren nach dem Prinzip: „Sag dem Papa bitte …". Vermeiden Sie auch Beschimpfungen und Beleidigungen gegen Ihren Ex-Partner - er ist schließlich der Vater Ihrer Kinder. Zeigen Sie viel-mehr Stärke und begegnen Sie auch Ausfälligkeiten von Vaters Seite so gelassen wie möglich. Ihren Kindern geht es dann gut, wenn es Ihnen gut geht. Und Kinder sollen sich loyal zu beiden Elternteilen verhalten dürfen. Deswegen benötigen Ihre Kinder eine starke Mutter, die mit beiden Beinen fest im eigenen Leben steht. Eigenes, selbstverantwortliches Leben heißt: Die Wünsche, Möglichkeiten, Zeiten und Finanzen der Mutter besitzen den genau gleichen Stellenwert wie diejenigen des Vaters. Aber be-denken Sie: Es geht es nicht so sehr um Sie, es geht auch nicht um den Vater, sondern es geht in erster Linie um Ihr(e) Kind(er).

## Kindeswohl

Kein Wort wird im Bereich des juristischen Sorge- und Um-gangsrechts so häufig genutzt wie das des „Kindeswohls", obwohl dieser Begriff im Duden überhaupt nicht zu finden ist. Eine klare und scharfe Definition von „Kindeswohl" existiert nicht. Nach psychologischer Definition ist das Kindeswohl gewährleistet, wenn das Aufwachsen dem Kind eine Entwicklung ermöglicht, die im Einklang mit den gegebenen Rechtsnormen und gesellschaftlichen Grundwerten für sein eigenes Wohlergehen sorgt. Auch juristisch handelt es sich bei dem „Kindeswohl" um einen unbestimmten, eher schwammigen Rechtsbegriff, der je nach Situation und je nach Entscheidungsperson viel Spielraum für subjektive Interpretation lässt. Meist besitzt „Kindeswohl" schon für die Mutter eine andere Bedeutung als für den Vater. Familiengericht und Jugendamt mögen diesen Begriff nochmals anders auslegen. Was sagt eigentlich der Gesetzgeber zum obskuren „Kindeswohl"-Begriff? Rechtsgrundlage dafür ist der Paragraph 1697 des Bürgerlichen Gesetzbuches:

---

### § 1697a BGB: Kindeswohlprinzip

Soweit nichts anderes bestimmt ist, trifft das Gericht in Verfahren über die in diesem Titel geregelten Angelegenheiten diejenige Entscheidung, die unter Berücksichtigung der tatsächlichen Gegebenheiten und Möglichkeiten sowie der berechtigten Interessen der Beteiligten dem Wohl des Kindes am besten entspricht.

---

Alles klar? Wohl eher nicht. Eine exaktere Definition des Kindeswohls bietet die United Nations-Kinderrechtekonvention. Das „Übereinkommen über die Rechte des Kindes" wurde 1989 von den Vereinten Nationen verabschiedet und seitdem von nahezu allen Staaten der Welt unterzeichnet. In Deutschland ist die Konvention mit der Ratifizierung 1992 in Kraft getreten. Hauptsächliches Anliegen war es, das Kind als eigenständige Persönlichkeit im gesellschaftlichen Bewusstsein zu verankern. Alle Kinder weltweit sind demnach ausgestattet mit einer eigenen Würde, eigenen Bedürfnissen, Interessen und Rechten. Die unterzeichnenden Staaten haben sich gemäß der UN-Kinder-

rechtskonvention wie folgt verpflichtet, sich für die Menschen-
rechte zum Schutz der Kinder einzusetzen:

---

**Auszüge aus der UN-Kinderrechtskonvention:**

**Artikel 3 (1)**: Bei allen Maßnahmen, die Kinder betreffen, gleichviel
ob sie von öffentlichen oder privaten Einrichtungen der sozialen
Fürsorge, Gerichten, Verwaltungsbehörden oder Gesetzgebungsor-
ganen getroffen werden, ist das Wohl des Kindes ein Gesichts-
punkt, der vorrangig zu berücksichtigen ist.

**Artikel 9 (2) und (3)**: In Verfahren nach Absatz 1 ist allen Beteiligten Gelegenheit zu geben, am Verfahren teilzunehmen und ihre
Meinung zu äußern. Die Vertragsstaaten achten das Recht des
Kindes, das von einem oder beiden Elternteilen getrennt ist, regelmäßig persönliche Beziehungen und unmittelbare Kontakte zu beiden Elternteilen zu pflegen, soweit dies nicht dem Wohl des Kindes
widerspricht.

**Artikel 12 (1)**: Die Vertragsstaaten sichern dem Kind, das fähig ist,
sich eine eigene Meinung zu bilden, das Recht zu, diese Meinung in
allen das Kind berührenden Angelegenheiten frei zu äußern, und
berücksichtigen die Meinung des Kindes angemessen und entsprechend seinem Alter und seiner Reife.

**Artikel 18 (1)**: Die Vertragsstaaten bemühen sich nach besten Kräf-
ten, die Anerkennung des Grundsatzes sicherzustellen, dass beide
Elternteile gemeinsam für die Erziehung und Entwicklung des Kindes verantwortlich sind. Für die Erziehung und Entwicklung des Kindes sind in erster Linie die Eltern oder gegebenenfalls der Vormund
verantwortlich. Dabei ist das Wohl des Kindes ihr Grundanliegen.

---

Wie leicht zu erkennen ist, existieren keine zuverlässigen, über-
prüfbaren und konkreten Kriterien zur Beurteilung des tatsächlichen Kindeswohls. Deshalb liegt der Schwerpunkt des Jugendamtes üblicherweise nicht auf dem Erreichen des Kindeswohls,
sondern auf der Abwehr von Kindeswohlgefährdungen.

# 4. Kindschaftsrecht

Sämtliche Gesetze, die Kinder und ihre Beziehungen zur Familie betreffen, werden unter dem Begriff Kindschaftsrecht zusammengefasst: Das **Abstammungsrecht**, das **Namensrecht**, das **Adoptionsrecht**, das **Sorge- und Umgangsrecht** und das **Kindesunterhaltsrecht** gehören dazu. Alle wesentlichen Vorschriften zu diesen Rechtsgebieten finden sich im Bürgerlichen Gesetzbuch (BGB). 1998 wurde das Kindschaftsrecht umfassend reformiert. Kern der Reform waren Neuregelungen zum Sorge- und Umgangsrecht. Verheiratete Eltern behalten seitdem auch nach Trennung und Scheidung grundsätzlich das Gemeinsame Sorgerecht. Das Familiengericht trifft dazu normalerweise keine Entscheidung mehr. Unverheirateten Eltern wurde durch die Reform erstmals ermöglicht, die elterliche Sorge für das Kind gemeinsam zu tragen, allerdings nur mit Zustimmung der Mutter: Sie musste beim Jugendamt schriftlich erklären, dass sie dem Gemeinsamen Sorgerecht zustimmt. Diese Bestimmung erklärte das Bundesverfassungsgericht für nichtig: Die Regel verstoße gegen das grundgesetzlich geschützte Elternrecht des Vaters, heißt es im August 2010 veröffentlichten Beschluss.[1] Ledige Väter haben seitdem das Recht, das Gemeinsame Sorgerecht zu beantragen - auch dann, wenn die Mutter nicht zustimmt. Für Gerichtsverfahren vor den Familiengerichten sind die Zivilprozessordnung und das Gesetz über die Angelegenheiten der freiwilligen Gerichtsbarkeit maßgebend.

## Kindesunterhaltsrecht

**Juristische Grundlage:** Kinder besitzen von Geburt an einen gesetzlich festgeschriebenen Unterhaltsanspruch gegen ihre Eltern, festgehalten und definiert im Bürgerlichen Gesetzbuch.

---

[1] Aktenzeichen: 1 BvR 420/09

Leben die Eltern des Kindes getrennt, so kommen die Regeln des Familienunterhalts nicht in Betracht. Beide Elternteile haben jedoch dafür Sorge zu tragen, dass für das Kind ein angemessener Unterhalt zu Verfügung steht (§1610 BGB). Dieser Kindesanspruch besteht mindestens bis zur Vollendung des 18. Lebensjahres, und er ist unabhängig von eventuellen Unterhaltsansprüchen des Ex-Partners. Der Unterhaltsanspruch des Kindes bleibt auch während seiner Ausbildung erhalten. Ab dem 18. Geburtstag des Kindes sind allerdings beide Eltern barunterhaltspflichtig, wobei Wohnung und Kost angerechnet werden.

Beide Elternteile also. Derjenige Elternteil, bei dem das Kind lebt, entrichtet seinen Anteil am Kindesunterhalt in Form der Erziehungs- und Versorgungsleistung. Der andere Elternteil, der ohne das Kind lebt, leistet einen Barunterhalt. Diese Zahlungshöhe richtet sich nach dem jeweiligen Einkommen des Unterhaltspflichtigen. Die einkommensabhängigen Beträge, „Regelsätze für den Barunterhalt" genannt, werden jährlich neu festgelegt und sind den gerichtsüblichen Tabellen namens "Düsseldorfer Tabelle" zu entnehmen. Laut Gesetz ist der Barunterhalt monatlich und im Voraus zu zahlen. Jedes Kind hat Anspruch auf einen sogenannten Unterhaltstitel: Eine Art amtlicher Urkunde, die unter anderem Voraussetzung für eine zügige Zwangsvollstreckung ist. Dieser Unterhaltstitel kann beim Jugendamt kostenlos errichtet werden. Alternativ gibt es die teurere Variante des gerichtlichen Verfahrens, das mit Urteil oder Vergleich endet. Der Unterhalt steht grundsätzlich dem Kind zu. Muss er gerichtlich geltend gemacht werden, dann klagt das Kind, vertreten durch seinen Sorgeberechtigten. Eine Empfehlung hier lautet, gut zu überlegen, ob man als Sorgeberechtigte wirklich auf einen Unterhaltstitel verzichten will. Denn selbst anfangs freundlich verlaufende Trennungen können ihren Charakter schnell verändern. Mit einem Unterhaltstitel besitzen Sie in diesen Fällen eine Art Hebel, der große Teile von Streitereien und endloser Diskussionen von vornherein eliminiert. Und der obendrein zweitens ein potentielles Druckmittel des Vaters, nämlich die regelmäßige Unterhaltszahlung, entschärft. Großer Vorteil eines solchen Titels ist auch die sofortige, kein gerichtliches Vorspiel erfordernde Vollstreckbarkeit. Sie können damit tatsächlich sofort einen Gerichtsvollzieher losschicken. Einzige Ausnahme: Der Kindesvater hat bereits weitere Vollstreckungsverfahren gegen sich laufen. Das Unterhaltsrecht ist das einzig durchsetzbare Recht des Kindes gegen den nicht betreuenden Elternteil.

## Gemeinsames Sorgerecht

**Juristische Grundlage:** „Die Eltern haben die Pflicht und das Recht für ihr minderjähriges Kind zu sorgen. Die elterliche Sorge umfasst die Sorge für die Person und das Vermögen des Kindes sowie die Vertretung des Kindes." [2] Gemeinschaftliches Sorgerecht sieht der deutsche Gesetzgeber nach einer Scheidung als den Normalfall an. Deshalb verbleibt die elterliche Sorge im Regelfall bei beiden Elternteilen gemeinsam - es sei denn, ein Elternteil ist damit nicht einverstanden. In diesem Fall muss diese Partei Antrag auf Alleinsorge stellen und durch Gerichtsbeschluss erzielen.

> **§ 1671 BGB: Getrenntleben bei gemeinsamer elterlicher Sorge**
>
> **(1)** Leben Eltern, denen die elterliche Sorge gemeinsam zusteht, nicht nur vorübergehend getrennt, so kann jeder Elternteil beantragen, dass ihm das Familiengericht die elterliche Sorge oder einen Teil der elterlichen Sorge allein überträgt.
> **(2)** Dem Antrag ist stattzugeben, soweit 1. der andere Elternteil zustimmt, es sei denn, dass das Kind das 14. Lebensjahr vollendet hat und der Übertragung widerspricht, oder 2. zu erwarten ist, dass die Aufhebung der gemeinsamen Sorge und die Übertragung auf den Antragsteller dem Wohl des Kindes am besten entspricht.
> **(3)** Dem Antrag ist nicht stattzugeben, soweit die elterliche Sorge auf Grund anderer Vorschriften abweichend geregelt werden muss.

---

[2] Bundesministerium der Justiz: Das Kindschaftsrecht, Fragen und Antworten. 7. erweiterte Auflage. Berlin: Bundesministerium der Justiz. Juni 2004. Seite 13.

Familiengerichte geben solchen Anträgen also nur dann statt, wenn der andere Elternteil zustimmt. Es sei denn, das mindestens 14 Jahre alte Kind widerspricht, oder das Familiengericht erachtet die Übertragung der elterlichen Sorge im Sinne des Kindeswohls als notwendig. Derart kann dann entschieden werden, wenn die Eltern nicht in der Lage sind, Entscheidungen für das gemeinsame Kind gemeinsam zu treffen. Etwa, weil sie zerstritten sind und eine Kommunikation in absehbarer Zeit nicht möglich ist. Es obliegt dann dem Familienrichter, welcher Elternteil das Alleinige Sorgerecht erhält. Das Justizministerium schreibt in seiner Broschüre „Kindschaftsrecht" dazu lapidar: „Wenn die Eltern zur Kooperation bereit und fähig sind, ist die gemeinsame Sorge der geeignete Rahmen zur Ausübung ihrer gemeinsamen Verantwortung für das Kind auch über Trennung und Scheidung hinaus. Dem Kindeswohl dient die gemeinsame elterliche Sorge, wenn sie funktioniert, am besten. Erzwungene Gemeinsamkeit kann dem Kind jedoch mehr schaden als nützen. Deshalb sollten Eltern ihre Entscheidung für oder gegen eine gemeinsame elterliche Sorge genau abwägen" [3]

Doch die in der Broschüre des Justizministeriums suggerierte Wahlfreiheit besteht in der Praxis leider nicht. Klarer wird die Rechtslage im „Merkblatt des Arbeitskreises Trennung - Scheidung Cochem-Zell zum neuen Kindschaftsrecht" dargestellt: „Im Gegensatz zum bisherigen Recht wird nach der neuen Regelung im Zusammenhang mit der Scheidung grundsätzlich nicht mehr über die elterliche Sorge entschieden. Diese verbleibt bei beiden Elternteilen. Eine alleinige Ausübung des Sorgerechts gegen den Willen des anderen Elternteils kann nur noch aus einem wichtigen Grund beantragt werden." [4] Beantragt also ein Elternteil das Alleinige Sorgerecht für das gemeinsame Kind, dann muss er stichhaltige Gründe vorbringen. „Die Praxis der Familiengerichte zeigt jedoch, dass die Übertragung des Alleinigen Sorgerechts auf einen Elternteil nur in extremen Ausnahmefällen in Betracht

---

[3] Bundesministerium der Justiz: Das Kindschaftsrecht, Fragen und Antworten. 7. erweiterte Auflage. Berlin: Bundesministerium der Justiz. Juni 2004. Seite 15.

[4] Arbeitskreis Trennung-Scheidung im Landkreis Cochem-Zell: Merkblatt des Arbeitskreises Trennung-Scheidung Cochem-Zell zum neuen Kindschaftsrecht. http://www.ak-cochem.de/infoblaetter.html. Stand: 19.Oktober 2010.

kommt." [5] Zum Beispiel bei Missbrauch oder Gewalttätigkeiten auf Seiten des nicht betreuenden Elternteils. <u>Keine</u> wichtigen Gründe sind:

- passives und desinteressiertes Verhalten gegenüber dem Kind
- Nichtwahrnehmen des vereinbarten Umgangs
- Weigerung, sich um schulische Verpflichtungen zu kümmern
- Herabsetzen des betreuenden Elternteils durch Beschimpfungen im Beisein des Kindes

In der Praxis erweist es sich als nahezu unmöglich, das bei der Scheidungsverhandlung festgelegte Gemeinsame Sorgerecht nachträglich zu ändern. Gemeinsames Sorgerecht hat keine negative Auswirkung auf das Kindeswohl, also muss es auch nicht entzogen werden - so argumentiert das Jugendamt. Bereits die Tatsache, dass der Kindesvater seinen Unterhaltszahlungen regelmäßig nachkommt, wird beispielsweise von rheinland-pfälzischen Jugendämtern als ausreichendes Interesse am Kind ausgelegt.

Zu den Auswirkungen der Kindschaftsrechtsreform hat das Bundesjustizministerium im Jahr 2001 eine Studie vorgelegt. In dieser „Begleitforschung zur Umsetzung der Neuregelungen zur Reform des Kindschaftsrechts" schreibt Prof. Roland Proksch:

„Die hohe Anzahl von 75,54% Eltern mit geS (Gemeinsamer Sorge) nach Scheidung belegt, dass die geS seit Inkrafttreten des KindRG (Kindschaftsrechtsreform-Gesetz) das bei Scheidung (überwiegend) „übliche" Sorgemodell in der Bevölkerung geworden ist. Im Zweifel entscheiden sich Eltern offenbar für den Beibehalt der geS, auch wenn sie dies nicht als eine (für sie) „optimale" nacheheliche Gestaltung der elterlichen Verantwortung sehen." [6]

Heute üben etwa 85 Prozent der geschiedenen Eltern ihr Sorgerecht gemeinsam aus. Dieser hoch erscheinende Anteil folgt eben aus der Tatsache, dass tatsächlich keine Wahl besteht.

---

[5] Batzel, Rita u.a.: Trennung...Scheidung, Ein Leitfaden für Frauen. Frauenbüro der Wissenschaftsstadt Darmstadt. Darmstadt. August 2003. Seite 34.
[6] Prof. Dr. jur. Roland Proksch: Begleitforschung zur Umsetzung der Neuregelungen zur Reform des Kindschaftsrechts, Schlussbericht. Nürnberg. März 2002. Seite 6.

## §1687 BGB: Ausübung der gemeinsamen Sorge bei Getrenntleben

**(1)** Leben Eltern, denen die elterliche Sorge gemeinsam zusteht, nicht nur vorübergehend getrennt, so ist bei Entscheidungen in Angelegenheiten, deren Regelung für das Kind von erheblicher Bedeutung ist, ihr gegenseitiges Einvernehmen erforderlich. Der Elternteil, bei dem sich das Kind mit Einwilligung des anderen Elternteils oder auf Grund einer gerichtlichen Entscheidung gewöhnlich aufhält, hat die Befugnis zur alleinigen Entscheidung in Angelegenheiten des täglichen Lebens. Entscheidungen in Angelegenheiten des täglichen Lebens sind in der Regel solche, die häufig vorkommen und die keine schwer abzuändernden Auswirkungen auf die Entwicklung des Kindes haben. Solange sich das Kind mit Einwilligung dieses Elternteils oder auf Grund einer gerichtlichen Entscheidung bei dem anderen Elternteil aufhält, hat dieser die Befugnis zur alleinigen Entscheidung in Angelegenheiten der tatsächlichen Betreuung. § 1629 Abs. 1 Satz 4 und § 1684 Abs. 2 Satz 1 gelten entsprechend.

**(2)** Das Familiengericht kann die Befugnisse nach Absatz 1 Satz 2 und 4 einschränken oder ausschließen, wenn dies zum Wohl des Kindes erforderlich ist.

Unter dem Gemeinsamen Sorgerecht trifft derjenige Elternteil, bei dem sich das Kind aktuell aufhält, die Entscheidungen in allen Angelegenheiten des täglichen Lebens. Als Angelegenheiten des täglichen Lebens gelten: Der Schulalltag, Vereinsmitgliedschaften, Hausaufgabenbetreuung, Fernsehkonsum, Treffen mit Freunden, „einfache" Arztbesuche, Taschengeld, Klassenfahrten und andere regelmäßig vorkommende Situationen. In diesen Fällen kann der Elternteil, bei dem das Kind gerade wohnt, selbständig so entscheiden, wie er es für das Kind am besten hält. Entscheidungen von erheblicher Bedeutung dagegen darf kein Elternteil allein treffen. Erhebliche Entscheidungsbedeutung für das Kind besitzt die Kindergarten- und Schulwahl (auch Leistungskurswahl und ähnliches), geplante Operationen, Auslandsaufenthalte (beispielsweise Schüleraustausch), die religiöse Erziehung (auch Taufe), die Anlage und Verwendung des Kindesvermögens (Eröffnung eines Girokontos oder Sparbuchs) sowie die Ausbildungs- und Berufswahl.

---

### § 1628 BGB: Gerichtliche Entscheidung bei Meinungsverschiedenheiten der Eltern

Können sich die Eltern in einer einzelnen Angelegenheit oder in einer bestimmten Art von Angelegenheiten der elterlichen Sorge, deren Regelung für das Kind von erheblicher Bedeutung ist, nicht einigen, so kann das Familiengericht auf Antrag eines Elternteils die Entscheidung einem Elternteil übertragen. Die Übertragung kann mit Beschränkungen oder mit Auflagen verbunden werden.

---

Sollte eine Einigung der Eltern in wichtigen Belangen wiederholt nicht möglich sein, dann kann das Familiengericht auf Antrag eines Elternteils die Befugnis des anderen zur Mitentscheidung einschränken. Teilbereiche in denen so etwas geschehen kann, sind beispielsweise Schulangelegenheiten aller Art und Gesundheitsfragen.

**Gemeinsames Sorgerecht im Alltag:** Gemeinsames Sorgerecht bedeutet im Alltag, dass die alleinerziehende Mutter Entscheidungen mit dem Kindesvater zusammen treffen muss, die bereits während der Ehe häufig alleine entschieden wurden. Nun sogar unter erschwerten Bedingungen: Denn meist wird die Kommunikation zwischen den ehemaligen Partnern nach einer Trennung ja schwieriger - nicht einfacher. In Ihren Alltag als Mutter wird dermaßen eingegriffen, dass Sie nicht einmal ein Konto für Ihr Kind allein eröffnen dürfen. Und Sie sind auch nach 10 Jahren noch dem Vater gegenüber auskunftspflichtig, wie der behandelnde Kinderarzt heißt. Der Vater kann dann Einfluss auf Behandlungen nehmen. Es bedeutet weiterhin, dass Sie sich mit dem Kindesvater auf eine Schule einigen müssen, auch wenn er diese wahrscheinlich niemals betreten wird. Gemeinsames Sorgerecht heißt, dass Sie die Unterschrift des Vaters benötigen, wenn Sie einen Kinderausweis ausstellen lassen möchten - je nach Wohn-

ort, technischen Möglichkeiten und gutem Willen des Kindesvaters kann das ernsthaft das Ende Ihrer Urlaubsreise bedeuten,
bevor sie begonnen hat. Gemeinsames Sorgerecht bedeutet in
vielen Fällen eine massive Einschränkung der persönlichen Freiheit des jeweils erziehenden Elternteils durch den ehemaligen
Partner. Denn die „Angelegenheiten von erheblicher Bedeutung"
sind regelmäßig auch „Möglichkeiten mit erheblichem Potential
in das Leben und den Tagesablauf des erziehenden Elternteils
einzugreifen und es zu erschweren". Bevor es zur kompletten
Blockade des Alltags kommt, weil eine Einigung bei wichtigen
Entscheidungen unmöglich ist, bleibt der Mutter die Möglichkeit
die Befugnis des Vaters zur Mitentscheidung auf Antrag einschränken zu lassen. Ganz „zahnlos" steht die alleinerziehende
Mutter nicht da. Doch es ist leicht vorstellbar, dass diese zusätzlichen Schritte abermals viel Energie, Zeit und auch Geld kosten.

**Wo bleibt die Sorgepflicht:** Eltern besitzen nicht nur das Recht
zur elterlichen Sorge, sondern ebenso die Pflicht - nämlich die
Pflicht zur Erziehung der Kinder zu selbständigem und verant-
wortungsbewusstem Handeln. Und ebenso die Pflicht zur Vertretung des Kindes in allen vertraglichen Fragen, in denen die
nicht vorhandene oder eingeschränkte Geschäftsfähigkeit eigene
Entscheidungen des Kindes nicht zulassen. In freiheitlichen
Gesetzestexten lässt sich allenfalls ein Sorgerecht verankern. Eine
wirkliche Sorgepflicht ist nicht zu verordnen. Statistiken belegen,
dass jeder zweite Mann - gleichgültig, ob ledig oder geschieden -
nach nur rund zwei Jahren auf das Gemeinsame Sorgerecht verzichtet; jeder dritte dieser Väter zahlt keinen Unterhalt. Nur sehr
selten dagegen stehen sich Mütter aus ihrer Verantwortung.
„Das Recht elterlicher Sorge ist nicht an eine tatsächlich auszu-
übende Sorgepflicht gebunden. Auf durchgreifende sanktionie-
rende Maßnahmen gegenüber mangelhaft Unterhaltsleistenden -
materiell sowie betreuend - hat die Gesetzgebung bisher verzichtet." [7] Also: Das Sorgerecht ist zwar einklagbar - eine Sorgepflicht aber leider nicht!

---

[7] Ulbrich, Bettina: Statement einer Alleinerziehenden. Bundesministerium für
Familie, Senioren, Frauen und Jugend. Dokumentation der Fachtagung Alleinerziehen in Deutschland. Bonn 2001. Seite 77-80.

## Umgangsrecht

**Juristische Grundlagen:** Jeder Elternteil und zusätzlich auch das Kind besitzen jeweils ein Umgangs- und Besuchsrecht betreffend des persönlichen Umgangs untereinander. Laut den ausformulierten Gesetzestexten sollen mit Blick auf eine möglichst günstige Entwicklung des Kindes beide Elternteile regen Kontakt halten und pflegen. Dazu steht dem „auswärtigen" Elternteil, also demjenigen, der im Alltag ohne das Kind lebt, in der Regel alle 14 Tage das Besuchsrecht zu. Dieses Besuchsrecht ist Teil der Umgangsrechtsprechung, Es steht in keinerlei Zusammenhang mit dem sogenannten Sorgerecht. Für das Besuchsrecht ist es daher völlig unerheblich, ob Gemeinsames oder Alleiniges Sorgerecht besteht. Umgangsrecht (und somit auch die Umgangspflicht) besteht in jedem Einzelfall. In Scheidungsverfahren wird üblicherweise eine konkrete und verbindliche Umgangsvereinbarung getroffen und schriftlich festgehalten. Oft stammen die Regelungen dabei aus Standardformulierungen und sind deshalb kaum an individuelle Situationen und Verhältnisse angepasst. Die Umgangsregelung im Anhang dieses Ratgebers dagegen enthält besonders klare Absprachen und Detailregelungen.
Soweit zur Theorie. Denn juristisch durchgesetzt wird lediglich der Vateranspruch auf Umgang mit dem Kind. Niemals dagegen wird das Recht des Kindes auf Umgang mit dem Vater durchgesetzt. So finden sich in zahllosen Broschüren und Ratgebern Hinweise auf die Verpflichtung der Mutter, den Kindesumgang mit dem Vater zu ermöglichen. Danach hat die Mutter sogar auf das Kind einzuwirken, falls dieses nicht zum Vater möchte: „Insbesondere bei jüngeren Kindern, die zu einer eigenen, abgewogenen Willensbildung noch nicht fähig sind, ist es grundsätzlich die Pflicht des Elternteils, bei dem das Kind lebt, erzieherisch auf das Kind einzuwirken und es zu ermutigen, den Kontakt zum umgangsberechtigten Vater oder zur umgangsberechtigten Mutter zu pflegen." [8] Wenn das Kind nicht möchte, dann muss die Mutter es also manipulieren. Falls sich nämlich die

---

[8] Bundesministerium der Justiz: Das Kindschaftsrecht, Fragen und Antworten. 7. erweiterte Auflage. Berlin: Bundesministerium der Justiz. Juni 2004. Seite 24.

Mutter nicht an die vereinbarten Umgangszeiten hält, dann kann der Vater seinen Umgang gerichtlich durchsetzen. Zitat: „Hier kann eine Umgangsentscheidung mit Zwangsmitteln durchgesetzt werden."[9] Die Mutter würde im Wiederholungsfall sogar zu Zwangsgeldern verurteilt und müsste mit dem Entzug des Sorgerechts rechnen.

- Doch was geschieht, wenn der Vater seinen Umgangspflichten nicht nachkommt? **Nichts!**
- Welche Möglichkeiten bestehen, den Rechtsanspruch des Kindes auf Umgang mit seinem Vater durchzusetzen? **Keine!**
- „Für Elternteile, in der Regel Väter, die es ablehnen Betreuungspflichten auszuüben, gibt es keine Sanktionen. Sie können quasi wählen, ob sie für Kinder Verantwortung übernehmen wollen oder nicht. Auch für Notfälle wie Krankheit der Mutter oder ihre berufliche Bildung existieren keine einklagbaren Verbindlichkeiten."[10] **Tja liebe Mütter, Pech gehabt!**

Sogar das Bundesverfassungsgericht in Karlsruhe bestätigt: „Die Androhung der zwangsweisen Durchsetzung der Umgangspflicht eines Elternteils gegen dessen erklärten Willen ist jedoch regelmäßig nicht geeignet, den Zweck zu erreichen, der mit ihr verfolgt wird: dem Kind einen Umgang zu ermöglichen, der zu seiner gedeihlichen Persönlichkeitsentwicklung beiträgt. Ein Umgang mit dem Kind, der nur mit Zwangsmitteln gegen den umgangsunwilligen Elternteil durchgesetzt werden kann, dient dem Kindeswohl in der Regel nicht. Insofern ist der Eingriff in das Grundrecht des umgangsunwilligen Elternteils auf Schutz der Persönlichkeit nicht gerechtfertigt."[11]

---

[9] Bundesministerium der Justiz: Das Kindschaftsrecht, Fragen und Antworten. 7. erweiterte Auflage. Berlin: Bundesministerium der Justiz. Juni 2004. Seite 25.
[10] Ulbrich, Bettina: Statement einer Alleinerziehenden. Bundesministerium für Familie, Senioren, Frauen und Jugend. Dokumentation der Fachtagung Alleinerziehen in Deutschland. Bonn 2001. Seite 77-80.
[11] Bundesverfassungsgericht: Urteil vom 01.04.2008. 1 BvR 1620/04: Regelmäßig keine zwangsweise Durchsetzung der Umgangspflicht eines umgangsunwilligen Elternteils.

## § 1684 BGB Umgang des Kindes mit den Eltern

**(1)** Das Kind hat das Recht auf Umgang mit jedem Elternteil; jeder Elternteil ist zum Umgang mit dem Kind verpflichtet und berechtigt.

**(2)** Die Eltern haben alles zu unterlassen, was das Verhältnis des Kindes zum jeweils anderen Elternteil beeinträchtigt oder die Erziehung erschwert. Entsprechendes gilt, wenn sich das Kind in der Obhut einer anderen Person befindet.

**(3)** Das Familiengericht kann über den Umfang des Umgangsrechts entscheiden und seine Ausübung, auch gegenüber Dritten, näher regeln. Es kann die Beteiligten durch Anordnungen zur Erfüllung der in Absatz 2 geregelten Pflicht anhalten.

**(4)** Das Familiengericht kann das Umgangsrecht oder den Vollzug früherer Entscheidungen über das Umgangsrecht einschränken oder ausschließen, soweit dies zum Wohl des Kindes erforderlich ist. Eine Entscheidung, die das Umgangsrecht oder seinen Vollzug für längere Zeit oder auf Dauer einschränkt oder ausschließt, kann nur ergehen, wenn andernfalls das Wohl des Kindes gefährdet wäre. Das Familiengericht kann insbesondere anordnen, dass der Umgang nur stattfinden darf, wenn ein mitwirkungsbereiter Dritter anwesend ist. Dritter kann auch ein Träger der Jugendhilfe oder ein Verein sein; dieser bestimmt dann jeweils, welche Einzelperson die Aufgabe wahrnimmt.

Zwar existiert ein Recht des Kindes auf Umgang mit seinem Vater, eine Umsetzung dieses Rechtsanspruches in die Realität gibt es aber nicht. Argumentiert wird, dass es dem Kindeswohl abträglich sei, wenn der Vater vom Gesetzgeber gezwungen werde, zeitweise mit seinem Kind zu leben. Merkwürdigerweise wird es dem Kindeswohl aber als zuträglich erachtet, wenn die Mutter vom Gesetzgeber gezwungen wird, das Kind gegen seinen eigenen Willen dem Vater auszuliefern.

**Umgangsrecht im Alltag:** Die vereinbarte Umgangsregelung, ob nun gerichtlich oder privat getroffen, ist für beide ehemaligen Partner verbindlich. Für Mütter aber verbindlicher! Ich kenne keine einzige Mutter, die sich, ohne auf ihre Kinder Rücksicht zu nehmen, Termine legt, mehrtägige Weiterbildungen vereinbart oder Urlaub bucht. Immer wird sie sich in solchen Fällen rechtzeitig um die Betreuung ihrer Kinder zu kümmern. Dabei geht keine Mutter automatisch von Hilfe durch den Kindesvater aus. Umgekehrt ist es aber erstaunlicherweise bei Vätern üblich, die Umgangsregel als unverbindliche „Da könnte ich auch etwas mit den Kindern machen wenn ich Lust habe"-Regel aufzufassen. Sie vereinbaren ihre Termine, beruflich wie privat, und gehen seelenruhig davon aus, dass die Mutter sich schon kümmern wird. Ob diese vielleicht selbst gerade Verpflichtungen hat, ist völlig gleichgültig und wird meist nicht einmal angefragt.

Feste und klare Umgangsregeln besitzen gerade in Konfliktsituationen den großen Vorteil, dass kaum diskutiert werden kann. Eine Formulierung wie etwa „… ist pünktlich um 20.00 Uhr jeweils Sonntagsabends an die Haustür der Mutter zu bringen . . " ist schlicht eindeutig. Es gibt nichts zu interpretieren. „20.00 Uhr" ist 20.00 Uhr, nicht 19.45, und auch nicht 20.10 Uhr. „An die Haustür" ist an die Haustür, nicht am Parkplatz, nicht irgendwo in der Stadt.

Überall im Alltag erkennt jeder Mensch solche (Umgangs-) Regeln an, denn nur so ist konfliktarmes Zusammenleben möglich: Niemand beschimpft den Bäcker, weil er um 19 Uhr sein Geschäft schließt. Sondern jeder richtet sich nach dieser Regel und kauft sein Brot eben früher ein. Auch wer einen Flug bucht, erwartet den Abflug nicht einen Tag später als das Ticket ausweist. Und wer unbedingt tanken muss, der sucht sich frühzeitig eine geöffnete Tankstelle - und geht nicht wie das HB-Männchen in die Luft, weil die geschlossene ausgerechnet für ihn nicht wieder öffnet. Kurz und gut: Jeder Mensch akzeptiert feste Regeln von Dritten in seinem Tagesablauf und arrangiert sich damit. Bei Regeln zum Kindesumgang sehen Väter das plötzlich ganz anders, und niemand weiß so recht, warum. Ein Mutteralltag mit einem Kindesvater, der sich weigert, vereinbarte Zeiten einzuhalten, diese sogar regelrecht sabotiert und dadurch jederzeit über die Mutter und ihren Tagesablauf verfügt, der ist die Hölle.

Ich habe es selbst erlebt: Sie nehmen sich am Wochenende etwas vor, weil Ihre Kinder gemäß Vereinbarung beim Vater sind? Ob Verabredung, Fahrstunde oder das Versprechen, jemandem zu helfen - so ein Pech, wenn der Kindesvater Sie eine Stunde vor dem Abholtermin in Kenntnis setzt (nicht etwa: bittet), dass er Wichtigeres zu tun hat. Oder noch schlimmer, ohne jede Mitteilung einfach nicht erscheint. Weitere schikanöse Varianten die Ex-Partnerin zu dominieren gefällig? Alles schon erlebt: Sie bringen die Kinder zu Beginn des Umgangswochenendes verabredungsgemäß zum Vater in die Firma. Statt die Kinder zu begrüßen, brüllt er sofort los: „Was soll ich jetzt mit den Gören machen - nimm sie gefälligst wieder mit!" Oder: Nach wochenlangem Umgangsboykott wartet der Kindesvater ohne Umgangstermin und Vorankündigung plötzlich an Ihrem Auto: „Ich wollte die Jungs zu einem Einkaufsbummel abholen!". Was interessiert ihn Julians Zahnarzttermin in 30 Minuten? Schon wieder Rabenmutter!

Ärgerlich ist dies schon beim ersten Mal. Wenn es aber sogar regelmäßig geschieht, dann ist das keine Nachlässigkeit mehr, sondern ein massiver und gesetzeswidriger Eingriff in das Persönlichkeits- und Selbstbestimmungsrecht der Mutter. Genau auf diese Art und Weise, allerdings nicht beschränkt auf solche „kleinen Zeitfragen", wurde jahrelang mein eigener Zeitplan von meinen Ex-Mann dominiert. Die (Umgangs-)Rechte seiner Kinder ignorierend, agierte er dazu ohne jegliche Rücksicht auf deren Gefühle. Jahrelang. Immer wieder. Es blieb nur der Schluss, dass er sowohl seine Zeit als auch seine Lebensplanung der meinen überlegen wertet.

# 5. Institutionen

## Familiengericht

Das Familiengericht ist seit 1976 eine Abteilung des örtlichen Amtsgerichts. Es ist ausschließlich für Entscheidungen in Familiensachen zuständig. Notwendig ist es unter anderem deswegen, weil das deutsche Gesetz keine Regelung über die konkrete Ausgestaltung des Umgangs trifft. Vielmehr vereinbaren die umgangsberechtigten Eltern untereinander, wann, wie oft und wie lange der Umgang stattfinden soll. Dabei können die Beteiligten kostenfrei die Hilfe des Jugendamtes in Anspruch nehmen, müssen aber nicht. Wird keine Einigung erzielt, kann jeder Elternteil für sich Antrag auf Regelung des Umgangs beim Familiengericht stellen. Das Familiengericht entscheidet nach Lage des Einzelfalls, und unter Berücksichtigung der berechtigten Wünsche der Umgangsberechtigen sowie der Kinder. Das Gericht berücksichtigt das Alter der Kinder und misst ihrem Willen und ihren Wünschen mit steigendem Lebensalter auch größeres Gewicht zu. Stets versucht das Familiengericht dabei eine gütliche Einigung der Eltern zu erreichen. Kommt diese nicht zustande, dann entscheidet das Gericht.

## Jugendamt

Das Jugendamt ist eine Behörde der Kommunalverwaltung. Nach dem Kinder- und Jugendhilfegesetz muss jeder Landkreis und jede kreisfreie Stadt ein Jugendamt einrichten. Das Jugendamt dient als Interessenvertretung der Kinder und Jugendlichen. Dabei bietet es Hilfen nach dem Kinder- und Jugendhilfegesetz an oder vermittelt diese. „Eltern und andere Erziehungsberechtigte können sich in allen Angelegenheiten der Erziehung und Entwicklung von Kindern an das Jugendamt wenden, das oft auch als Amt für Familien und Kinder bezeichnet wird. Das

Jugendamt versteht sich heute nicht mehr als eine Kontroll-
instanz und Eingriffsbehörde, sondern als eine moderne Dienst-
leistungsbehörde, bei der die Beratung von jungen Menschen
und ihren Eltern im Mittelpunkt steht." [12]

---

### § 18 SGB VIII Beratung und Unterstützung bei der Ausübung der Personensorge und des Umgangsrechts

**(1)** Mütter und Väter, die allein für ein Kind oder einen Jugendlichen
zu sorgen haben oder tatsächlich sorgen, haben Anspruch auf
Beratung und Unterstützung 1. bei der Ausübung der Personensor-
ge einschließlich der Geltendmachung von Unterhalts- oder Unter-
haltsersatzansprüchen des Kindes oder Jugendlichen, 2. bei der
Geltendmachung ihrer Unterhaltsansprüche nach § 1615 des Bürgerlichen Gesetzbuchs.
**(2)** Mütter und Väter, die mit dem anderen Elternteil nicht verheiratet
sind, haben Anspruch auf Beratung über die Abgabe einer Sorge-
erklärung.
**(3) 1.** Kinder und Jugendliche haben Anspruch auf Beratung und
Unterstützung bei der Ausübung des Umgangsrechts nach § 1684
Abs. 1 des Bürgerlichen Gesetzbuchs. **2.** Sie sollen darin unterstützt
werden, dass die Personen, die nach Maßgabe der §§ 1684 und
1685 des Bürgerlichen Gesetzbuchs zum Umgang mit ihnen berechtigt sind, von diesem Recht zu ihrem Wohl Gebrauch machen.
**3.** Eltern, andere Umgangsberechtigte sowie Personen, in deren
Obhut sich das Kind befindet, haben Anspruch auf Beratung und
Unterstützung bei der Ausübung des Umgangsrechts. **4.** Bei der Befugnis, Auskunft über die persönlichen Verhältnisse des Kindes zu
verlangen, bei der Herstellung von Umgangskontakten und bei der
Ausführung gerichtlicher oder vereinbarter Umgangsregelungen soll
vermittelt und in geeigneten Fällen Hilfestellung geleistet werden.

---

[12] Jäckel, Karin: Die gemeinsame Sorge für gemeinsame Kinder. Online-
Familienhandbuch http://www.karin-jaeckel-autorin.de. 29.8.2003.

**Aus dem Alltag:** Hört sich das nicht gut an? Leider jedoch, die Wirklichkeit sieht nach meiner und vieler anderer Frauen Erfahrung anders aus. Bei Sorge- und Umgangsstreitigkeiten nämlich hat das Jugendamt lediglich eine beratende und unterstützende Funktion inne. Die Wahrnehmung der Umgangspflicht durch den Vater etwa kann das Jugendamt nicht durchsetzen, weil ihm dazu jede Autorität fehlt. Zwar präsentiert sich das Jugendamt als Institution, die im Interesse des „Kindeswohl" handelt. Doch abgesehen davon, dass der Begriff „Kindeswohl" eben nicht exakt definiert ist, gehen alle Erfahrungen mit dem Amt in eine andere Richtung: Anlässlich mehrfachen, teils mehrmonatigen Umgangsboykotts durch meinen Ex-Mann Alexander wandte ich mich ratsuchend an das Jugendamt. Dort vermutete die zuständige Sachbearbeiterin sogleich offen eine Teilschuld von mir mit folgender Begründung: Ich hätte den Kindesvater zu wenig in die Pflicht genommen - und sollte unsere Kinder ohne Rücksicht auf Wetter und seine Anwesenheit zu den vereinbarten Zeiten einfach bei ihm vor der Tür absetzen!!! Ist das zu glauben? Zu dieser Zeit waren Phillip und Julian 10 und 12 Jahre alt. Der Begriff „Kindeswohl" nach diesem Jugendamt bedeutet offenbar, aus kleinen Jungs wetterharte Landstreicher zu machen, die auf eigene Faust lernen müssen, gegebenenfalls mehrere Tage in der Natur selbstverantwortlich zu überleben. Oder wie ist es sonst zu verstehen, als Mutter angewiesen zu werden, seine jungen Kinder beim anderen Elternteil, der sich nachweislich nicht kümmert, vor die verschlossene Tür zu stellen! Es kam sogar noch „besser": Nicht nur wurde ich vom Jugendamt aufgefordert, meine Kinder auszusetzen. Zusätzlich wurde mir auch noch vorgeworfen, dass ich es nicht schon früher getan hatte! Dies ist nichts anderes als ein Aufruf zur aktiven Vernachlässigung der elterlichen Aufsichtspflicht, möglicherweise auch zur unterlassenen Hilfeleistung. Auch wenn nicht gesagt werden kann, dass dies das Standardverhalten aller Jugendämter der Republik ist - eine Hilfe, die diese Bezeichnung auch verdient, sollten Sie als Mutter von Jugendämtern nicht erwarten.

## Verfahrensbeistand

Der sogenannte „Verfahrensbeistand" ersetzt seit September 2009 den bisher eingesetzten „Verfahrenspfleger" für minderjährige Kinder. Er muss vom Familiengericht immer dann eingesetzt werden, wenn dies zur Wahrnehmung der Interessen des Kindes erforderlich ist. Nach dem „Gesetz über das Verfahren in Familiensachen und in den Angelegenheiten der freiwilligen Gerichtsbarkeit" muss er fachlich und persönlich geeignet sein, das Interesse des Kindes festzustellen und sachgerecht in das Verfahren einzubringen. Er ist sozusagen der Rechtsanwalt des Kindes. Der Verfahrensbeistand gestaltet das Verfahren im Kindesinteresse durch die Teilnahme an den Verhandlungen. Er kann Anträge stellen, Widerspruch einlegen und Empfehlungen abgeben. Nicht zuletzt sorgt er durch Geltendmachung von Anhörungsrechten für die Beteiligung des Kindes und für die Berücksichtigung seiner Wünsche und Vorstellungen im Verfahren. Zu diesen Zwecken ist es notwendig, dass sich der Verfahrensbeistand selbst einen persönlichen Eindruck vom Kind macht. Einen seiner Terminvorschläge dazu erhalten Sie bald nach der Mitteilung über seine Einsetzung durch das Familiengericht. Der Verfahrensbeistand wird dann, üblicherweise bei Ihnen zuhause, Ihr Kind altersangemessen über seine eigene Aufgabe und das Verfahren informieren. Er wird auch versuchen, Sichtweise und Einstellung des Kindes zu erkunden und mögliche Lösungswege für die Sicht des Kindes zu finden. Dabei sollen die frei formulierten Kinderwünsche im Vordergrund stehen, ohne Wertung der tatsächlichen Realisierbarkeit. Der Verfahrensbeistand soll dem Kind auch vermitteln, dass seine Wünsche einen hohen Stellenwert haben, die endgültige Entscheidung aber in den Händen der Eltern und notfalls in denen des Gerichts liegt. Er ist bei der Gerichtsverhandlung anwesend und vertritt dort wie ein Rechtsanwalt die Interessen des Kindes nach dem Maßstab der deutschen Gesetzgebung.

**Persönliche Erfahrungen:** Nach dem vielleicht ersten Schrecken darüber, dass nun noch eine weitere fremde „Institution" in die eigene Familie eingeschaltet wird, lernte ich unseren

Verfahrensbeistand als positiven Versuch kennen, die Interessen der Kinder durchzusetzen. Der Verfahrensbeistand, ein tatsächlicher Rechtsanwalt, verhielt sich sehr kooperativ und den Kindern gegenüber einfühlsam. Er ließ sich auch auf ein Treffen in meinem Büro anstatt bei uns zuhause ein. Grund waren vorhergegangene massive Drohungen gegen mich und meine Unversehrtheit durch den Kindesvater. Dadurch hatte ich einige Hemmungen, einen Termin mit Dritten bei mir zuhause stattfinden zu lassen. Soweit ich es beurteilen kann - die Mutter ist bei diesen Gesprächen nicht anwesend - verstand der Anwalt es recht gut, in den Einzelgesprächen auf meine Kinder einzugehen. Julian und Phillip kamen beide locker und entspannt, fast belustigt aus dem Gespräch mit ihm. Sie fühlten sich ernst genommen und verstanden. Julian, damals 14 Jahre alt, grinste mich frech an. Er hatte vom Verfahrensbeistand verlangt, und zugesagt bekommen, von ihm in der kommenden Verhandlung als seinem „Mandanten" zu sprechen.

Danach folgte ein Gespräch zwischen dem Verfahrensbeistand und mir, ohne anwesende Kinder. Anschließend fuhr der Verfahrensbeistand zum auswärtigen Gesprächstermin mit dem Kindesvater. Bei der anschließenden Gerichtsverhandlung nahm er als Rechtsanwalt der Kinder teil.

So positiv diese Erfahrung mit diesem Verfahrensbeistand auch war, so wenig hat sie leider für die Praxis gebracht. Denn das tägliche Leben nach der Gerichtsverhandlung, obwohl das Urteil wieder klar, eindeutig und schriftlich den Vater zurechtwies, war bald wieder wie stets: Es existierte, wieder einmal, eine eindeutige glasklare Umgangsregelung - die schon nach 4 Wochen vom Vater nicht mehr eingehalten wurde. Darüber informierte ich den Verfahrensbeistand telefonisch. Doch auch er besaß natürlich keine Möglichkeit, sich über die geltende Rechtslage in Deutschland hinwegzusetzen: Auch laut ihm existiert keine Möglichkeit, die Einhaltung einer Umgangsregelung durch den Vater durchzusetzen . . .

# 6. Was geht in den Vätern vor?

Weshalb kämpfen Väter zwar um ein Gemeinsames Sorgerecht, aber nur selten um erweiterte Besuchs- und Umgangsrechte? Was nützt ihnen das Gemeinsame Sorgerecht, wenn sie ihren Kindern danach doch den Umgang verweigern? Ein wirklich großes Mysterium. Oder vielleicht ein Machtspiel - zwischen Vater und Mutter, zwischen Mann und Frau gar. Wer weiß das schon. Die Kinder spielen offenbar nur eine untergeordnete Rolle. Kein Vater kann gezwungen werden, sein Besuchsrecht wahrzunehmen. Viele Väter schaffen es, sich aus jeglicher Zahlungsverpflichtung gegenüber ihren Kindern heraus zu rechnen. Bei diesem Thema liegen Selbständige übrigens mit großem Abstand vorn. Sobald der Vater meint, sich aus seiner Pflicht entfernen zu müssen, wird das Gemeinsame Sorgerecht schnell zu einem Instrument der Macht über die Ex-Partnerin. Leider immer - ausnahmslos, soweit ich es beurteilen kann - zu Lasten der Kinder.

Auch Christine Hofmeister stellt fest: „Nahezu alle Väter, die seelische, körperliche und/oder sexuelle Gewalt anwenden, so die Erfahrung aus der Beratungsarbeit, bestehen auf dem Gemeinsamen Sorgerecht und einem uneingeschränkten Umgangsrecht und versuchen dies mit allen Mitteln durchzusetzen." [13]

Neuere Studien, unter anderem aus den USA (Furstenberg/Cherlin, Mnookin), stellen fest, dass ein Gemeinsames Sorgerecht das „Aussteigen" vieler Väter aus ihrer elterlichen Verantwortung weder verhindert, noch die väterliche Präsenz bei den Kindern erhöht.

Insgesamt „kündigt" mindestens ein Drittel aller geschiedenen Väter in Deutschland die Verbindung zu ihren Kindern. Nicht die meisten Mütter versuchen das Besuchsrecht des Vaters zu verhindern, sondern vierzig bis sechzig Prozent der geschiedenen

---

[13] fiff- Frauen informieren Frauen. Das neue Kindschaftsrecht. Bumerang für Mütter und Kinder. Gleichstellungsstelle für Frauen der Landeshauptstadt München. Ausgabe 28. München 2000.

Väter schränken aus eigener und freier Entscheidung den Kontakt zu ihren Kindern stark ein. Häufig kommt es dann zu Limitierungen im oder zum Abbruch des Umgangs, wenn der Vater eine neue Familie gründet oder eine neue Partnerschaft eingeht. Ein weiterer häufig genannter Grund ist die berufliche Situation, die für den Kontakt zum Kind angeblich keine Zeit lässt.

So oder so, es bleibt ein Rätsel. Väter denken vielleicht so: Wenn schon der Gesetzgeber keine Sanktionen bei Nichterfüllung von väterlichen Pflichten vorsieht oder vorsehen kann, dann scheint es moralisch vertretbar, diesen väterlichen Pflichten auch nicht zu entsprechen. Oder: Existieren diese „Pflichten" überhaupt? „Was nicht bestraft wird, ist erlaubt!"

Nicht einklagbare Verpflichtungen stehen durchsetzbaren Rechten gegenüber - hier scheint sich eine juristische Ungleichheit aufzutun. Vätern wird es meiner Meinung nach zu leicht gemacht, sich ihren Kindern zu entziehen, und gleichzeitig auf ihren Rechten zu bestehen. Teilung von Sorgerecht und Sorgepflicht bedeutet für viele Väter, dass die Mütter all die Dinge übernehmen, die ihnen selbst unangenehm oder auch einfach nur zu viel sind. Nirgendwo im Bereich des menschlichen Zusammenlebens ist es möglich, die eigene Verantwortung vollständig abzugeben und vollständig versichert zu sein, dass für Alle und Alles Sorge getragen wird. Nirgendwo, außer bei Sorge um den eigenen Nachwuchs.

Natürlich ist nicht jede an der Oberfläche gegen Kind oder Mutter gerichtete Entscheidung „böse" gemeint: Auch Väter haben Verpflichtungen, die nicht mit ihren Kindern in Zusammenhang stehen. Auch ihnen geschehen Missgeschicke, die gemanagt werden müssen, und auch sie haben Wünsche und Bedürfnisse, die nicht immer nur mit ihren Kindern im Zusammenhang stehen.

Daneben spielt aber auch Ignoranz gegenüber Bedürfnissen anderer Personen eine große Rolle, denn die Wahrnehmung der Väter ist mit großer Wahrscheinlichkeit eine völlig andere als die der Mütter. Natürlich sind viele Väter davon überzeugt, alles für ihr Kind zu tun. Vielleicht auch der Vater Ihrer Kinder: Schließlich war er schon immer ein guter Vater! Und nun wird er sogar der Beste! Doch das geht natürlich nur mit kooperativer Hilfe der Mutter. Und ihrer Kraft. Und ihrer Zeit. Und ihrem Verständnis für seine Situation, die immer kompliziert ist und immer vor ihrer rangiert. Denn bei der Absage von Umgangsterminen liegt immer ein äußerst wichtiger Grund vor, den die Mutter bloß nicht versteht...

Erst in der nächsten Stufe, wenn sie folgt, wird wirkliche Bösartigkeit erreicht. Dann regiert der Macht-, manchmal der Allmachtsanspruch des Mannes. Nun geht es um das Ziel, die Ex-Partnerin weiterhin unter Kontrolle zu halten. Vergessen wird oft, dass es im Grunde doch immer nur um das Kind geht. Welche Verhaltensweisen von Eltern wie begründet werden, spielt doch gar keine Rolle: Die Weigerung eines Elternteils, plötzlich keinen oder kaum mehr Kontakt zum eigenen Kind zu halten, verletzt die Kinderseele. Irreparabel in manchen Fällen, unnötig in allen Fällen.

**Persönliche Erfahrungen:** Kinder entwickeln häufig Schuldgefühle, wenn der Umgang vom Vater verweigert wird („Papa kommt sicher nicht, weil ich geweint habe."). Und suchen doch immer wieder den Kontakt zu ihrem Vater. Je häufiger sie zurückgewiesen werden, desto vehementer ihr Wunsch, den Vater zu sehen. Schnell wird der Kindesvater dann auf ein Podest gehoben: Statt realer gemeinsamer Erlebnisse müssen, manchmal bizarre, Phantasiegeschichten bei Klassenkameraden herhalten um das eigene Selbstwertgefühl aufrechtzuerhalten.

Mein kleiner, damals gerade 8-jähriger Phillip rief seinen Vater an. Dieser wollte ihn nach 3 Monaten erstmals wieder abholen - und sagte nur eine Stunde vor dem mit Freude und Spannung erwarteten Termin per SMS ab. Phillip versuchte am Telefon so tapfer und vernünftig zu klingen, dass es mir wehtat („Ach, wenn Handwerker bei dir arbeiten, geht es wohl wirklich nicht.") - und brach danach weinend zusammen. Wieso können Väter emotional so unberührt bleiben? Warum agieren sie nicht nur gegen jede Vernunft, sondern auch gegen jedes Gefühl?

# 7. Tipps für alleinerziehende Mütter

## 1. Wenn geregelter Umgang dauerhaft verweigert wird

Sobald der Kindesvater beginnt, den Kindesumgang zu verweigern, ist es sehr wichtig, alle Sachverhalte wie Datum, Uhrzeit, Telefonate, Briefe etc. schriftlich festzuhalten. Werden trotz anderer Regelung Abholtermine plötzlich an Bedingungen geknüpft, dann geht es fast immer um Macht. Und zwar um Macht über die Mutter, nicht über die Kinder (solange diese noch keinen eigenen starken Willen entwickelt haben).

Ihre Kinder wollen und sollen Kontakt zum Vater haben. Doch sie benötigen eine starke Mutter. Und eine starke Mutter lässt sich schon per Definition nicht vom Ex-Partner lenken. Das klassische Bild des „guten Vaters" und der „umgangsvereitelnden Mutter" ist bei Jugendämtern fest verankert. Durch eine kurze Mitteilung des Vaters an das Jugendamt, dass er seine Kinder nicht sehen dürfe, kann die Situation schnell umgekehrt dargestellt werden. Deshalb ist es wichtig, sämtliche Kommunikation mit dem Vater zu dokumentieren. Am besten fragen Sie jeden Umgangstermin per E-Mail oder Fax an - sogar dann, wenn Sie genau wissen, dass der Vater ohnehin nicht antwortet. Falls der Vater sich weigert, Briefe oder Mails von Ihnen anzunehmen, dann schicken Sie wichtige Informationen eben per Einschreiben.

Versuchen Sie, Ihren Alltag nicht vom Nichterscheinen des Vaters dominieren zu lassen. Trübsinn zieht nicht nur Sie, sondern auch Ihre Kinder hinab. Wenn Plan A („Vater kommt heute Abend und holt euch ab.") scheitert, dann gehen Sie halt über zu Plan B („Wir machen einen Spiele-Abend und holen Pizza."). Sorgen Sie sich um eine schöne Zeit mit Ihren Kindern! Vergessen Sie über Plan B aber nicht Ihre eigenen Interessen: Bauen Sie ein kleines Netzwerk aus Freundinnen und Familie auf. Helfen Sie sich gegenseitig. Für Alleinerziehende ist dies wichtig - mit einem umgangsverweigernden Kindesvater sogar unerlässlich. Wenn es gar nicht anders geht, dann kann es auch einmal heißen: „Heute schlaft ihr bei der Oma und ich gehe mit meiner Freundin aus.".

## 2. Wenn Unterschriften verweigert werden

Für Ausweiserstellung, Schuleintritt oder -wechsel, Kontoeröffnung und vieles andere, benötigen Sie die Unterschrift des Kindesvaters. Besonders schwierig wird das bei offenem Streit oder bei längerem Umgangsboykott. Versuchen Sie zunächst allein und ohne die Vater-Unterschrift zurechtzukommen. Die Einschaltung von Institutionen (Jugendamt, Gericht) ist immer langwierig und bremst Ihren Alltag letztlich nur aus. Ihre geplante Urlaubsreise kann wegen Verweigerung einer Unterschrift zum Passantrag tatsächlich platzen. Also müssen Sie Wege finden, Ihr eigenes Leben in der Hand zu behalten. Treten Sie auf, als ob Sie alleinsorgeberechtigt sind! Sagen Sie auf Fragen, dass Sie alleinerziehend sind - das sind Sie schließlich. Nicht immer wird ein Nachweis gefordert. Zeigen Sie Selbstbewusstsein; ziehen Sie sich gut an. Alleinerziehend macht nicht zum Bittsteller.

Wenn das Gemeinsame Sorgerecht zur Blockade wichtiger anstehender Entscheidungen (z.B. Schulwahl, Konfirmation oder Auslandsaufenthalt) führt und das voraussichtlich auch in der Zukunft so sein wird, dann müssen Sie handeln. In diesen Fällen sollten Sie vor Gericht zumindest für Teilaspekte das Alleinige Sorgerecht beantragen. Verfahren vor dem Familiengericht nehmen aber häufig längere Zeit in Anspruch. Bis zu einer Entscheidung können Monate vergehen.

Berücksichtigen Sie außerdem, dass diese Aktion immer teuer ist. Sollte auch nur einem Teilaspekt Ihres Antrags vor Gericht nicht stattgegeben werden, dann müssen Sie die Kosten Ihres Rechtsanwalts selbst tragen. Dies gilt auch im umgekehrten Fall: Falls der Kindesvater vor Gericht zieht, gehen Ihre eigenen Rechtsanwaltskosten selbst dann zu Ihren Lasten, wenn dessen Forderungen abgewiesen werden. Als Grund für solche Fälle reicht schon aus, dass ein Wochentag in der Umgangsregelung angepasst werden muss: Beispielsweise änderten sich die Fußballtrainingszeiten Ihres Kindes. Die Umgangsregelung wird dann um den Passus „Der Kindesvater holt die Kinder ab sofort Donnerstag- statt Mittwochnachmittag." ergänzt. Mein Tipp: Legen Sie, falls möglich, monatlich Geld zurück, um für solche Eventualitäten gerichtet zu sein.

## 3. Verhaltensvorschläge aus der Praxis

Die folgenden Verhaltensvorschläge entstammen sämtlich der Praxis und haben sich oft bewährt.

### Verhaltensvorschläge für Mütter

- Ermöglichen Sie Ihrem Kind den Umgang mit dem Vater. Es ist sein Recht.

- Seien Sie weder beleidigt noch traurig, falls die Kinder zu ihrem Vater möchten.

- Kritisieren Sie den Vater nicht vor dem Kind.

- Seien Sie stets zuverlässig, pünktlich und halten Sie sich an alle getroffenen Vereinbarungen und Regeln.

- Bleiben Sie fair. Kämpfen Sie nicht um Ihren Stolz, sondern für das Wohlergehen Ihres Kindes.

- Vergessen Sie von Zeit zu Zeit den Alltag. Unternehmen Sie etwas Außergewöhnliches mit Ihren Kindern, gehen Sie mit ihnen in den Zoo, zur Kirmes ...

- Leben Sie Ihr eigenes Leben. Neben Mutter sind Sie auch Frau und individuelle Person. Kinder freuen sich über eine ausgeglichene Mutter.

- Machen Sie sich finanziell unabhängig.

- Versuchen Sie gelassen auf Drohungen zu reagieren. Lassen Sie sich nicht auf ein Spiel mit der Angst ein. Wenn die Situation zu massiv wird, holen Sie Zeugen und Hilfe.

## Verhaltensvorschläge für Väter

- Seien Sie zuverlässig und halten Sie sich an Vereinbarungen·

- Versprechen Sie nichts, was Sie nicht halten können oder wollen·

- Versichern Sie Ihren Kinder durch Ihr Verhalten, nicht durch Worte, dass sie nicht von Ihnen verlassen werden· Seien Sie erreichbar für sie·

- Seien Sie weder beleidigt noch traurig, wenn die Kinder einmal bei ihrer Mutter bleiben möchten· Kinder sind kleine Menschen, keine programmierten Maschinen· Sie besitzen eigene Pläne und funktionieren nicht immer so, wie Eltern es gerne hätten·

- Verlangen Sie von Ihren Kindern kein Verhalten, das Sie nicht selbst zeigen·

- Schlagen Sie Ihre Kinder nicht·

- Kritisieren Sie die Mutter nicht vor den Kindern·

- Vergessen Sie nicht den Geburtstag Ihrer Kinder, ihre Wünsche und auch nicht ihre Abneigungen·

- Nehmen Sie den Kummer Ihrer Kinder ernst· Kinder merken genau, falls Sie nur scheinbar zuhören·

- Unternehmen Sie nicht immer etwas „Tolles"· Sie sind ein wichtiger Mensch für Ihre Kinder, kein Alleinunterhalter·

- Informieren Sie stets die Mutter, falls Sie die Kinder später oder früher als vereinbart zurückbringen oder abholen·

- Stürzen Sie Ihre Kinder nicht in Loyalitätskonflikte· Kinder bekommen ein schlechtes Gewissen, wenn der Mutter versprochen wurde, um fünf Uhr zu Hause zu sein und das nicht eingehalten wird·

# 8. Anlage: Vorschlag Umgangsregelung

Die folgende gerichtlich abgesegnete Umgangsregelung entstammt dem wirklichen Leben. Sie wurde anlässlich meiner eigenen Scheidung ausgearbeitet. Die zuständige Richterin zeigte sich begeistert von diesem Text und bat darum, sie dem Jugendamt als Vorlage für eine umfassende Umgangsregelung weiterleiten zu dürfen. Dieser Bitte wurde entsprochen. Der Text ist also ohnehin öffentlich. Die folgende Umgangsregelung erhebt weder Anspruch auf Vollständigkeit noch auf Korrektheit. Sie ermöglicht aber einen, im Vergleich mit Standardformulierungen, konfliktfreieren Umgang der Kinder mit dem „anderen" Elternteil.

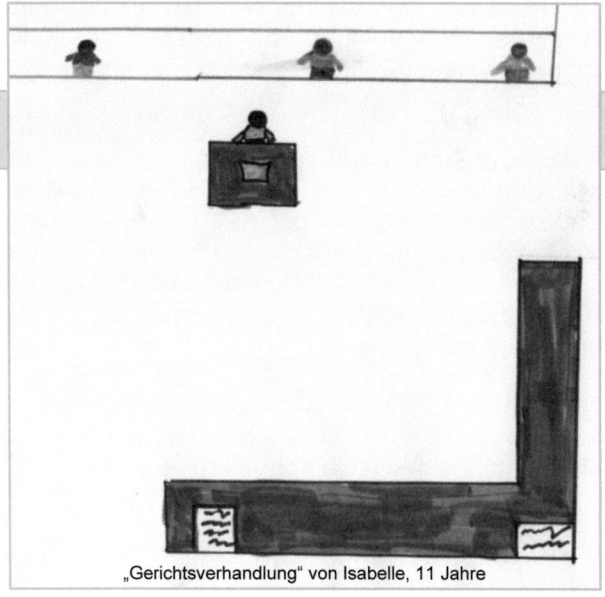

„Gerichtsverhandlung" von Isabelle, 11 Jahre

## UMGANGSREGELUNG
## ZWISCHEN DEN PARTEIEN ▓▓▓▓ und
▓▓▓▓

**Das Umgangsrecht zwischen den Parteien wird wie folgt geregelt:**

**1. Der Kindsvater (KV) hat ein Umgangsrecht alle 2 Wochen am Wochenende.** Er holt die Kinder zu diesen Umgangsterminen jeweils am Freitag um 18.00 Uhr bei der Kindsmutter (KM) ab und bringt sie jeweils am Sonntag um 18.00 Uhr zur KM zurück. Die Ferienzeiten beim KV beginnen immer am Freitag um 18.00 Uhr und enden immer am Samstag um 18.00 Uhr. Das Wochenende nach den Ferien sind die Kinder immer bei der KM, unabhängig davon, ob die Kinder in der letzten Ferienwoche bei dieser oder beim KV waren. Dies gilt immer dann, wenn im Folgenden nicht ein anderes geregelt ist.

**2. Die Umgangsregelung für Weihnachten wird wie folgt getroffen:** Die Kinder sind von Ferienbeginn bis zum 31.12. bei der KM. Der Antragsteller holt die Kinder am 31.12. um 18.00 Uhr bei der KM ab und bringt sie am 08.01. um 18.00 Uhr zur KM zurück. Am 2. Weihnachtsfeiertag holt der KV die Kinder.

**3. Ab dem 14.01.200**▓ gilt die unter Punkt 1. getroffene Umgangsregelung. Danach hat die KM die Kinder am Wochenende vom 14.01. bis 16.01., der KV die Kinder vom 21.01. bis 23.1. bei sich.

**4. Folgende Regelung wird für die Osterferien getroffen:** Die Kinder sind vom 21.03. bis 25.03. bei der KM. Nach den Modalitäten zu Punkt 1. sind die Kinder vom 25.03. bis 02.04.beim KV. Die folgenden Wochenenden regeln sich nach Maßgabe 1..

**5. Die Sommerferien werden wie folgt geregelt:** In den ersten 3 Wochen (22.07. bis 13.08.) sind die Kinder beim KV - wiederum nach den Grundmodalitäten aus Punkt 1.. In der Zeit vom 13.08. bis 03.09. sind die Kinder dann bei der KM. Ebenfalls nach Maßgabe 1. dieser Vereinbarung sind die Kinder am ersten Wochenende nach den Ferien bei der KM. An dem darauf folgenden Wochenende sind die Kinder beim KV.

**6. Zu den Herbstferien wird folgendes geregelt:** Herbstferien liegen in der Zeit vom 24.10. bis 04.11.. Der KV nimmt die Kinder entweder in der Zeit vom 21.10. bis 29.10. oder in der Zeit vom 28.10. bis 05.11. zu sich. Welche dieser beiden Wochen der KV die Kinder zu sich nimmt - wieder nach den Grundmodalitäten 1. dieser Vereinbarung - teilt er der KM bis spätestens 31.01. mit.

**7. Geburtstage:** Beide Parteien werden den Kindern jeweils gegenseitig ermöglichen, dass die Elterngeburtstage bei dem jeweiligen Elternteil verbracht werden können. Die Kindergeburtstage finden da statt, wo die Kinder sich nach dieser Vereinbarung gerade aufhalten.

**8. Verhinderungen:** Soweit der KV an der Ausübung des Umgangsrechts verhindert ist, teilt er dies der KM so früh wie möglich mit. Diese erklärt sodann unverzüglich, ob sie die Kinder stattdessen betreuen kann. Sollte dies nicht der Fall sein, hat der KV für eine Ersatzbetreuung oder wie auch geartete Lösung zu sorgen. Er trägt die Verantwortung. Sollte der KV sein Wochenende mit den Kindern nach dieser Vereinbarung nicht wahrnehmen können, fällt dieses Wochenende ersatzlos aus.

**9. Besuchsrecht am Mittwoch:** Der KV holt die Kinder außerdem jeden Mittwoch - außer in den Ferien - in der Zeit von 16.30 Uhr bis 19.30 Uhr zu sich, soweit die Kinder dies wünschen. Diese Regelung gilt erstmals am 01.12.. Wenn der Antragsteller die Kinder am Abend zurückbringt, haben die Kinder zu Abend gegessen.

**10. Verhalten der Eltern vor den Kindern:** Die Eltern sind sich einig, dass keine Auseinandersetzungen vor den Kindern ausgetragen werden. Kein Elternteil macht den Anderen vor den Kindern sowie gegenüber den Kindern oder Dritten schlecht.

**11. Urlaubsregelung für künftige Jahre:** Die Urlaubstermine für das kommende Jahr vereinbaren die Parteien bis spätestens 30.11. des laufenden Jahres, wobei entweder ein Elternteil jeweils dem Anderen schriftlich Vorschläge unterbreitet oder aber zu den Vorschlägen des anderen Elternteils Stellung nimmt. Dies gilt ebenso für die Folgejahre. Soweit sich die Parteien hier nicht einigen können, wird eine Einigung unter Einbeziehung eines Rechtsanwalts versucht herbeizuführen.

**12. Auskünfte über mit der Schule stattfindende Vorgänge der Kinder und Arztinformationen:** Die KM kopiert die erteilten Zeugnisse und überlässt diese Abschriften dem KV. Elternabendtermine o.ä. teilt sie dem KV ebenfalls mit. Über anstehende Arzttermine, soweit es sich nicht um Routineuntersuchungen handelt, informiert die KM den KV.

## Unsere BESTSELLER und NEUHEITEN

### Allein gelassen ? Die Exliebe wiedergewinnen

Wenn die Liebe zur Tür hinaus ist und alles nach lebenslangem November-
berwetter ausschaut, dann regiert die Sehnsucht pur: So schön wäre es,
wieder von ihm/ihr in den Arm genommen zu werden. Dieser Ratgeber
liefert Ihnen eine ausführliche Schritt-für-Schritt Anleitung für Ihren mög-
lichen Anfang vom Happy-End: Leicht verständlich sind mehrere Psycho-
logieprinzipien zusammengefaßt, um Ihrer Ex-Liebe das „Ex" sanft aus
der Hand zu nehmen. 4. Auflage 2010 · 12 x 19 cm · Euro 7,90 · ISBN
978-3-8311-1825-0. Auch in 2 erw. Ausg. erhältl., siehe nächste Seite.

### Mein erster Oldtimer · Youngtimer

**Die wichtigsten Tips und Tricks für Erstkäufer.** DER Oldtimer-Ratgeber
mit den wichtigsten Kauf-Tips & -Tricks, für jeden leicht verständlich: Weil
ohne Know-How ein Oldtimerkauf häufig zu Verlust und Ärger führt –
immerhin geht es um Investitionen von mehreren Monatsgehältern -
erfahren Sie direkt vom Diplom-Ingenieur für Kfz.-Technik: Welche
Anzeigen Sie besser nicht anrufen. Wie Sie geschickt mit dem Verkäufer
umgehen. Wie Sie teure Mängel am Fahrzeug erkennen. 1. Ausg. 2011 ·
DIN A5 · Euro 11,90 · ISBN 978-3-8391-8731-9

### Wegziehen in die USA

**Das Wichtigste zu Visa, Wohnung, Arbeit, Auto, Finanzen.** Die USA sind
Top-Einwanderungsziel unserer Erde. Dieser Ratgeber ist Ihre Basis für
den ersten Schritt in das Land der unbegrenzten Möglichkeiten. Über die
wichtigsten Fragen zu US-Visaarten, Kauf/Miete von Wohnung/Haus,
Stellensuche, Selbständigkeit, Autokauf und Finanzen werden Sie direkt
aus der Praxis informiert. Erhältlich in 2 Ausgaben: **A** 2. akt. Aufl. 2010 ·
DIN A5 · Euro 7,95 · ISBN 978-3-8311-4048-0, **B** 2011 · DIN A5 · Euro
11,90 · ISBN 978-3-8391-6149-4 mit zusätzlichen Tabellen und Abbild.

### Gemeinsames Sorgerecht. Was Mütter wissen sollten

Gemeinsames Sorgerecht für die Kinder nach der Trennung ist die Regel,
Verantwortung beider Eltern ist das Ziel. Doch wie sieht die Realität der
meisten Mütter wirklich aus? Wenn der Vater seinen Pflichten nicht nachkommt, seine Rechte gar missbraucht, dann kann jeder Mama-Alltag
schnell zum Alptraum werden. Die Autorin berichtet aus der aktuellen
Praxis, einschließlich juristischer Grundlagen und Tips für einen lebens-
werten Alltag. 1. Ausgabe 2011 · DIN A5 · Euro 8,95 · ISBN 978-3-8423-
1930-1

### Allein gelassen? Die Exliebe wiedergewinnen...

**und zusammen bleiben!** Zusätzlich zur ausführlichen Schritt-für-Schritt Anleitung im Titel „Allein gelassen ? Die Exliebe wiedergewinnen" erfahren Sie hier mehr als 25 konkrete Einzelratschläge, um aus Ihrer wiederhergestellten Beziehung eine dauernde Partnerschaft und ein glückliches Leben zu zweit zu machen. **A** 2. Auflage 2009 · 12 x 19 cm · Euro 11,90 · ISBN 978-3-3330-0692-0 **B** „Allein gelassen? Die Exliebe wiedergewinnen...und die 10 wichtigsten Tips zum Zusammenbleiben" 2008 · Euro 9,90 · ISBN 978-3-3370-6876-4

### 33 verblüffende Auto-Geheimnisse

Autos begleiten uns täglich durch das Leben. Doch nur wenige Menschen ahnen, wieviele verblüffenden und skurrilen Geheimnisse die erfolgreichste Maschine der Erde verbirgt. Ob die „James Bond Wende" tatsächlich funktioniert, warum es niemals Autos mit Solarzellenantrieb geben kann und vieles weitere: Hier lesen Sie 33 der erstaunlichsten und unbekannten Tatsachen rund um das Auto. Manche werden Ihren Fahreralltag sofort verbessern, andere sind gut zu wissen für den Fall der Fälle: Sie erfahren, für jedermann und jedefrau leichtverständlich, was üblicherweise den Fachleuten vorbehalten bleibt. 2011 · DIN A5 · Euro 9,95 · ISBN 978-3-8391-0556-6

### Auswandern. Die wichtigsten Schritte

Wer hat nicht schon einmal daran gedacht, oder geträumt: In einem anderen Land leben, regelmäßig für einige Monate oder gleich ganz. Tropisches Meer oder alpine Berge genießen. Freier und freundlicher seine Tage verbringen, vielleicht sogar kostengünstiger. Doch wie geht das überhaupt – Auswandern ? In diesem Ratgeber werden die wichtigsten Schritte einer jeden Auswanderung beschrieben: Was sind die Grundvoraussetzungen ? Wie wird Abreise und Ankunft geschickt vorbereitet ? Und was müssen die ersten Schritte im Wunschland sein ? 2010 · DIN A5 · Euro 8,95 · ISBN 978-3-8391-2273-0

### Deutscher Patentschutz für 40 Euro

**Wie Ihre kleinen Ideen & Erfindungen großes Geld verdienen.** Irgendwann hat jeder eine gute Produktidee. Doch Gelderfolg stellt sich trotzdem nur selten ein, weil das wertvolle geistige Eigentum nicht geschützt wird: „Zu kompliziert, zu teuer" lautet meist die Begründung. Dabei ist amtlicher deutscher Patentschutz bereits für 40 Euro erhältlich: Bis zu 10 Jahre lang, und ohne Anwaltszwang. Hier wird das offizielle Patentamtsverfahren samt seinem einfachen Antrag leichtverständlich vorgestellt. **A** 2. akt. Auflage 2009 · DIN A5 · Euro 7,95 · ISBN 978-3-8334-2638-4. **B** Auch als englische Ausgabe erhältlich.

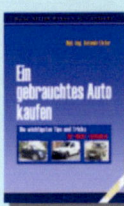

### Ein gebrauchtes Auto kaufen

**Die wichtigsten Tips & Tricks für Nicht-Techniker.** Auf dem Privatmarkt finden sich häufig günstigere und bessere Gebrauchtfahrzeuge als beim Händler – wenn man sich nur ein wenig auskennt. Und das sollte man, geht es doch meist um Preise in der Höhe von mehreren Monatsgehältern. Doch wie finden sich die guten Auto-Angebote unter den zahlreichen fragwürdigen? Hier erfährt der Leser wichtige Tips & Tricks zum Geldsparen vom Diplom-Ingenieur: 1. Welche Anzeigen Sie besser nicht anrufen. 2. Wie Sie geschickt mit dem Verkäufer umgehen. 3. Wie Sie versteckte Mängel entdecken. 2. akt. Auflage 2010 · DIN A5 · Euro 7,95 · ISBN 978-3-8334-9079-8

### Männer zum Heiraten verführen

Heiraten – für viele Frauen das romantischste Ziel einer guten Partnerschaft auf ihrem Weg zur besten. Doch falls „der Beste von allen" noch nicht so recht überzeugt ist, oder die Beziehung noch etwas Feinschliff benötigt, dann hilft dieser Ratgeber der modernen Frau. In 40 Einzelpunkten erfährt die Leserin leicht verständliches und einfach anzuwendendes psycholo-gisches Wissen, um in seinem Kopf die Hochzeitsgedanken hüpfen zu lassen. 2. akt. Auflage 2011 · 12 x 19 cm · Euro 9,95 · ISBN 978-3-8311-4235-4

### 100 verblüffende Autogeheimnisse

Nur wenige Menschen ahnen, welche verblüffenden Geheimnisse die erfolgreichste Maschine der Erde verbirgt. In diesem Buch wird erstauliches Auto-Wissen leichtverständlich vorgestellt. Wer, technisch fundiert, wissen möchte, wieviel PS eigentlich ein Pferd hat, ob die „James-Bond-Wende" wirklich funktioniert und daß Züge, nicht Autos, die wirklichen Umweltverschmutzer sind . . .und über weitere 97 Tatsachen informiert sein möchte, die üblicherweise Kfz-Ingenieuren vorbehalten bleiben – der erfährt hier weithin unbekannte Eigenschaften unserer Autos. 2002 · DIN A5 · Euro 15,90 · ISBN 978-3-8311-1826-7

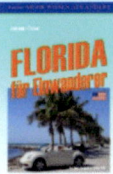

### Florida für Einwanderer

Sonne, Palmen und Meer – damit ist für die meisten Menschen Florida, der tropische Bundesstaat der USA, beschrieben. Doch wer dort länger leben möchte als nur zwei Urlaubswochen, wer vielleicht gar US-Resident sein möchte, dem nutzt das typische Urlaubswissen nur wenig. In diesem Ratgeber wird Florida für Einwanderer beschrieben: Seine Geographie, das Klima, die Wirtschaft und Politik. Danach erfahren Sie alles Nötige über das Wohnen, Arbeiten, Steuern und vieles mehr aus erster Hand. 2009 · DIN A5 · Euro 9,95 · ISBN 978-3-8370-8866-3

### Der richtige Lizenzvertrag

**für Patent-Inhaber und Erfinder.** In „Deutscher Patentschutz für 40 Euro" wird gezeigt, wie gute Ideen kostengünstig beim Deutschen Patentamt geschützt werden. Doch wie erhält man dann einen Lizenzvertrag ? Und was gehört hinein ? Hier wird ein ech-ter Vertrag zwischen Erfinder und Produktionsunternehmen Punkt für Punkt vorgestellt und erläutert. So erhalten Sie wertvolle Unterstützung, um bares Geld zu sparen und zu verdienen: Bei Lizenzgebühren, Anwaltsauslagen und durch die Erinnerung an Vertragsrisiken, an die nicht jeder denkt. 2009 · DIN A5 · Euro 9,95 · ISBN 978-3-8370-8867-0

### Wohnsitz Florida - so klappts !

Um sich in den USA erfolgreich niederzulassen, ist viel amerikanisches Know-how notwendig. Die Wohnsitz-Ratgeber zu Florida und Kalifornien sind umfassende, detaillierte Handbücher zum jeweiligen US-Bundesstaat: Einreisefragen, Haus- und Autokauf, Steuern, Stellensuche – das komplette Gewusst-Wie zum Leben genießen in den USA erfährt der Leser aus erster Hand. Ebenso enthalten sind ausgewählte Anschriften und Internetadressen, wie sie nur die Praxis liefern kann. **A Florida:** 2000 · DIN A5 · Euro 15,29 · ISBN 978-3-89811-216-1 **B Kalifornien:** ISBN 978-3-8981-1332-8

### Verbraucher-Warnung: Kaufen Sie kein Elektro-Auto

Ob als Vollelektroversion oder als sogenannter Hybrid – Elektroautos werden über den grünen Klee gelobt. Allerdings nur von Meinungs- und Politikmachern, die häufig über Dinge reden und schreiben, in die sie wenig Einblick besitzen. Wie sieht es wirklich aus mit der Gebrauchsfähigkeit, den Kosten und der Gefährlichkeit von E-Autos? Die Antworten darauf fallen verheerend aus, so daß der Rat an Kauf-Interessenten nur lauten kann: Sehen Sie von einem Kauf ab, wenn Sie sich nicht viel Ärger, Enttäuschungen und Kosten einhandeln wollen. 2010 · DIN A5 · Euro 9,95 · ISBN 978-3-8391-6373-3

### Tips und Tricks zu Green Card und B-Visum

Die USA sind das Top-Einwanderungsland unserer Erde. Um sich dort jedoch erfolgreich einzurichten, ist fundiertes amerikanisches Know-How gefragt. Dieser Ratgeber hilft allen Menschen, die sich zeitweise oder permanent in den USA niederlassen möchten, bei der richtigen Visumauswahl. Er informiert über die gängigsten Visaformen GreenCard und B1/B2 Visum, und worauf es bei den US-Behörden bei der Beantragung ankommt. 2. akt. Auflage 2011 · 12 x 19 cm · Euro 8,95 · ISBN 978-3-89811-159-1

▶ **Alltag graut – Yachtbesitz bräunt** „Durchschnitts-Landratte wird Schiffsbesitzer" - wer hat davon noch nicht geträumt? Hier ist der Beweis, daß wirklich jeder Mensch ein neues Leben beginnen kann. Spannend und unterhaltsam werden die Erlebnisse eines völlig boots-unerfahrenen Deutschen erzählt – auf seinem Weg zum süßen, unbeschwerten Leben auf der eigenen Yacht in Florida: Ab sofort ist jedes Jahr das beste Jahr. 2000 · 12 x 19 cm · Euro 12,74 · ISBN 978-3-8981-1334-2

▶ **Amerika: Visa · Wohnen · Arbeiten · Auto · Finanzen** Aufbauend auf „Wegziehen in die USA" liefert dieser Ratgeber noch detailliertere USA-Informationen, die weit über das übliche Urlaubswissen hinausgehen: Visa, Hauskauf und Anmietung, Stellensuche, Firmengründung, Autokauf, Führerscheine, Banken und Steuern. 2001 · DIN A4 · Euro 9,95 · ISBN 978-3-8311-1922-6

▶ **Dick sein ? Nein Danke !** Schlank werden und sein – für viele Menschen ein Dauerthema. Dabei ist Abnehmen viel einfacher als viele glauben: Jeder Körper kann auf ein frei gewähltes Wunschgewicht „eingestellt" werden. Leichtverständliche Kenntnisse reichen aus, denn die mächtige MMF-Regel macht es möglich: Schöner, gesünder und sogar kostengünstiger leben - kurz: endlich glücklich sein. Hier erfahren Sie das Grundgesetz jedes Schlankseins. Ohne Kosten, und zum Sofortstart geeignet. 2010 · 12 x 19 cm · Euro 8,95 · ISBN 978-3-8391-0921-2

▶ **Hexen heute erkennen** Viele Menschen wissen intuitiv: In unserer Welt existieren Kenntnisse und Fähigkeiten, die den Wissenschaften auf immer verborgen bleiben. Und von denen nur wenige zu träumen wagen: Wirkliche Hexen sind unter uns. Daß diese klugen und mächtigen Frauen, zu unrecht oft als „böse" abgestempelt, heutzutage nicht als alte Weiber samt schwarzer Katze auftreten, das ist vielen klar. Aber wie sind sie dann zu erkennen ? Und sollte man das überhaupt versuchen . . . ? 2005 · 12 x 19 cm · Euro 8,90 · ISBN 978-3-8334-3192-0

▶ **Land in Feindeshand – Deutschland wird sozialistisch** Viele Anzeichen der deutschen und europäischen Politik geben Anlass zu Sorge: Um die persönliche Freiheit, um das persönliche Eigentum und um die kommende Generation. Die Anzeichen totalitärer Prinzipien und Denkweisen mehren sich. Zieht schon wieder der häßliche und stets kriminelle Sozialismus auf ? 2003 · 12 x 19 cm · Euro 9,90 · ISBN 978-3-8330-0485-8

▶ **Frauen zum Heiraten verführen** Heiraten – das höchste Ziel einer guten Partnerschaft auf ihrem Weg zur besten. Doch wenn „die Beste von allen" noch nicht so recht überzeugt ist, dann hilft dieser Ratgeber dem modernen Mann: Für zahlreiche Alltagssituationen erfährt der Leser leicht verständliches und einfach anzuwendendes psychologisches Know-How, um in ihrem Kopf die Hochzeitsgedanken hüpfen zu lassen. 2010 · 12 x 19 cm · Euro 8,90 · ISBN 978-3-8391-1885-6

▶ **Die Grundregeln des Erfolgs. So werden Sie erfolgreich** Ob in der Partnerschaft, im Beruf oder beim Kontostand – erfolgreich werden Menschen überall in der Welt auf ähnliche Weise, weil alle Menschen einer ähnlichen Psychologie folgen. In diesem Ratgeber erfahren Sie die Grundregeln jedes Erfolges. So können Sie ab sofort die richtigen Entscheidungen in Ihrem Leben treffen. Denn es ist Ihres, und Sie haben nur eines. Und nur Sie allein bestimmen Ihre Ziele, und ob Sie diese Ziele erreichen. 2010 · 12 x 19 cm · Euro 9,95 · ISBN 978-3-8391-2049-1

▶ **Bevor es zu spät ist: Die Trennung verhindern** Wenn zu spüren ist, daß die Liebe zur Tür hinaus will, dann ist es höchste Zeit zu reagieren. Doch wie könnte die Beziehung noch gerettet werden ? Hier erfahren Sie mehr als 30 wertvolle Tips aus der praktischen Psychologie, damit Ihr Partner seine Trennungsgedanken noch einmal überdenkt. Bevor es zu spät ist, können Sie mithilfe dieses Ratgebers einen fundierten Rettungsversuch für Ihre Beziehung unternehmen. Gleichzeitig legen Sie den Grundstein für eine dauernde und glückliche Beziehung – gerade jetzt, wenn es so gar nicht danach ausschaut. 2009 · 12 x 19 cm · Euro 8,95 · ISBN 978-3-8370-8865-6

▶ **Auswandern. Die menschliche Seite** Hier wird die menschliche, die emotionelle Seite einer Auswanderung geschildert: Warum und wieso eigentlich weg aus Deutschland ? Wie steht der Partner dazu ? Und was wird aus der Beziehung in der Ferne ? Die wahren Erlebnisse eines jungen Paares aus Deutschland – erst ins entfernte Neuseeland, dann in die USA – faszinieren. Und machen nachdenklich. Aber zum Ende gilt wiedereinmal: Wer nicht aufgibt, der erreicht seine Ziele. 2010 · 12 x 19 cm · Euro 9,95 · ISBN 978-3-8370-9291-2